Persisch kochen

Die Autorin

Parvin Vormweg (Sakineh Movafaghi), 1962 im Iran geboren. Studium der Innenarchitektur in Paris, Fortbildung zur Multimedia-Entwicklerin in Deutschland. Lebt als freie Künstlerin in Köln.

Parvin Vormweg

Persisch kochen

Gerichte und ihre Geschichte

Verlag Die Werkstatt · Edition d i á

Sabine Landau und meinen beiden Haus-Gourmets, Julie und David, gewidmet

Die Deutsche Bibliothek - CIP-Einheitsaufnahme

Ein Titeldatensatz für diese Publikation ist bei Der Deutschen Bibliothek erhältlich

2. Auflage 2003

Dieses Buch erscheint in der Reihe »Gerichte und ihre Geschichte« der Edition diá (www.editiondia.de).

Umschlagfoto: ansichtssachen.de
Fotos: Parvin Vormweg (Seiten 112A, unten; 113A), David Vormweg (Seite 160A, oben), Mehran Aghadavoodi (Seiten 48A, oben; 160A, unten; 161A), Chantal Forest (Seite 49A, oben), Huguette Legigau (Seite 49A, unten), Marie-Claire Palmer (Seite 112A, oben), ansichtssachen.de (Seite 48A, unten).

Gesamtherstellung: Verlag Die Werkstatt, Lotzestraße 24a, D-37083 Göttingen
www.werkstatt-verlag.de

ISBN 3-89533-312-3

Inhalt

Die persische Küche

Ein Genuss für die Sinne

Ein Wirbel von Kräuter- und Gewürzaromen umschmeichelt die Nase, ein leuchtendes Farbenspiel – vom Grellgelb des Safrans über den rot gepunkteten Berberitzen-Reis bis hin zum Tiefgrün des Lamm-Eintopfs in Spinat – betört das Auge: Die große persische Festtafel ist gedeckt. Wenn es etwas zu feiern gibt, kommt nur das Beste auf den traditionellen *Sofreh*, die große, mit Stickereien verzierte Decke, die ausgebreitet wird über Tisch oder Boden – für dessen Sauberkeit gesorgt ist, da Schuhe aus Gründen der Hygiene schon beim Betreten der Wohnung oder des Hauses ausgezogen werden.

Das Feiern hat den Persern noch niemand austreiben können: nicht arabische Eroberer, die Persien über Jahrhunderte im Würgegriff hielten; nicht die Mongolen, die, angetrieben von Dschingis Khan, im 13. Jahrhundert einfielen.

Man isst, um beisammen zu sein, Familie und Freunden seine Großzügigkeit zu demonstrieren, um zu erzählen, anschließend zu singen und zu persischer Musik zu tanzen. Für diese Festmahlzeiten ist die Frische der Zutaten Pflicht, nur so lebt ihr Eigengeschmack. Konserven, Tiefgefrorenes oder Brühwürfel wären schon der typisch moderaten persischen Würzung wegen der Untergang jeglicher Geschmacksvielfalt. Wer persisch kochen will, muss sich Zeit nehmen. Aber so viel sei versprochen: Allein die Zubereitung ist ein Genuss für die Sinne.

Die französische Küche des Orients

Bereits im Mittelalter wurde die persische Kochkunst in Europa hoch gelobt. Vor allem wegen ihrer fantasievollen Reisgerichte und ihrer feinen Geschmacksnuancen galt sie als die »französische Küche des Orients«. So wird im Vergleich zur türkischen und griechischen viel weniger Knoblauch verwendet. Und wegen ihrer den Eigengeschmack der Zutaten hervorhebenden Würzung ist sie auch nicht so scharf wie die indische Küche – ausgenommen der Süden des Irans, wo indische Einflüsse aufgrund der Handelsbeziehungen deutliche Spuren hinterließen. Zudem ist die persische Küche im Vergleich zur arabischen weit weniger fetthaltig und deshalb gesünder.

Wechselschmecker mit sensibler Zunge

Eine Besonderheit der persischen Kochkunst ist das gleichzeitige Servieren aller Hauptgerichte (in der traditionellen Küche sogar der Vorspeisen und der Hauptgerichte). Denn im ständigen (Geschmacks-)Wechsel, selbst dem zwischen Fisch und Fleisch, liegt einer der Schlüsselreize persischer Kochkunst. Auf europäische Zungen mag das leicht irritierend wirken. Doch ist für die geschmackliche Spannung an dem Gaumenslalom gesorgt. Zum Neutralisieren und Reaktivieren der Geschmacksnerven stehen neben Frühlingszwiebeln oder Staudensellerie und Radieschen auch frische und überdies heilsame Kräuter *(Sabsi Khordan)* bereit: Basilikum, Estragon, Koriander, Kresse, Schnittlauch, Petersilie und Nanaminze, die süßlicher und aromatischer schmeckt als die schärfere Pfefferminze.

Zudem darf und soll man sich beim persischen Essen alle Zeit der Welt nehmen! In der Kunst der Langsamkeit liegt der Schlüssel zum Genuss. Und die ist auch bei der Zubereitung gefragt. So müssen viele Gerichte lange köcheln, damit Gewürze und Saucen Zeit haben einzuwirken. Verglichen wird die persische Kochkunst daher auch gerne mit den ebenfalls zeitaufwändigen – und geliebten – Künsten des Dichtens und Teppichknüpfens.

Als Besteck findet man an persischen Tischen meist nur Gabel und Löffel, da sämtliche Zutaten, auch Fisch und Fleisch, in mundgerechter Form serviert werden. Zwar weisen archäologische Funde aus vorislamischer Zeit auch die Kombination von Messer, Gabel und Löffel nach. Doch ist nicht klar, ob das Messer nur in Herrschaftshäusern oder auch in der Bevölkerung genutzt wurde.

Das Essen im Schneidersitz auf dem Boden haben wohl erst die arabischen Invasoren durchgesetzt. Denn Ausgrabungen aus früherer Zeit bezeugen das Vorhandensein von Tischen und Stühlen.

Sich gesund essen – »warm« und »kalt«

Traditionell werden persische Nahrungsmittel in zwei gegensätzliche Kategorien unterteilt: warme und kalte. So gehören Dattel, Feige, Melone, Traube und Nuss zu den »warmen« Lebensmitteln, rote Bete, Salat und Pflaume dagegen zu den »kalten«.

Eine der wichtigsten Aufgaben der Hausfrau besteht in der Wahl der richtigen Nahrungsmittel für jedes Familienmitglied. Denn auch die Menschen haben dieser Theorie zufolge entweder eine »warme« oder »kalte« Natur. Wer der »warmen« Kategorie angehört, sollte, um seine Gesundheit im Gleichgewicht zu halten, eher »kalte« Nahrungsmittel zu sich nehmen – und umgekehrt. Zurück geht dieses Dualitätsprinzip auf die Unterscheidung zwischen einem Gott des Guten (Ahura Masda) und einem Gott des Bösen (Ahriman) in der Lehre Zarathustras (um 630 vor Christus).

Ziel des Menschen soll es demnach sein, auf der Seite Ahura Masdas das Reich des Bösen und des Trugs zu bekämpfen, um die Welt der Wahrheit und des Lichts zu stärken. Im Hinblick auf die Küche heißt das, durch die Beobachtung der individuellen Reaktionen auf bestimmte Nahrungsmittel die positiven Effekte zu verstärken und so die Gesundheit von Körper und Geist zu fördern. Ganz nach der Devise: Was für den einen gut ist, kann dem anderen schaden.

»… und speiste den König mit Blut«

In großen Teilen des meist kargen iranischen Inlands herrschte lange eine stark vegetarisch geprägte Küche (wobei der Eiweißbedarf vor allem mit Hülsenfrüchten gedeckt wurde). Das lag weniger an der Seltenheit von Jagdtieren als am traditionellen Misstrauen gegen den Verzehr des als unrein geltenden Tierbluts. Davon zeugt eine Passage in den »Geschichten aus dem Schahnameh«. Das Epos, das die Geschichte Persiens von den Anfängen bis zum Ende der Herrschaft der Sassaniden schildert, hat der Dichter Abul Quasem Mansur Firdausi um das Jahr 1000 geschrieben (Teilausgabe im Diederichs Verlag, Köln 1984).

Es erzählt die Geschichte des Ahriman, der die Gestalt eines jungen Kochs annimmt, um die Gunst des Königs zu gewinnen und ihm so eine Falle zu stellen: »Damals war die Nahrung noch nicht sehr vielseitig. Die Menschen töteten nicht, um zu essen, sondern lebten von den vielen verschiedenen Pflanzen, welche die Erde hervorbringt. Der tückische Ahriman aber beschloss, Tiere zu schlachten und Speisen aus ihnen zu bereiten. Er briet Vögel, Schafe und Rinder und speiste den König mit Blut, um ihn wild wie einen Löwen zu machen. Er selbst aber diente dem Schah wie ein Sklave. Zu Beginn gab er seinem Gebieter Eidotter, um seine Kraft zu stärken, und der Schah fand den Geschmack vorzüglich. Er lobte den Koch, und dieser erwiderte: ›Erhabener Schah! Mögest du ewiges Leben haben! Morgen werde ich dir etwas zubereiten, an dem du viel mehr Freude haben sollst.‹

Die ganze Nacht sann er darüber nach, was für ein verführerisches Gericht er am nächsten Tag auf den Tisch des Königs bringen könnte. Und als am azurnen Gewölbe des Himmels wieder der goldene Edelstein strahlte, richtete er Rebhühner und silberne Fasanen an. Der Fürst der Araber kostete und aß mit Genuss. Sein beschränkter Verstand ging unter in der Bewunderung des Essens. Am dritten Tag trug Ahriman Hammelbraten und junge Hühner auf, am vierten Kalbsrücken mit Safran und Rosenwasser, Moschus und alten Wein. Sohhak geriet, nachdem er gekostet hatte, in Verzückung über die Künste seines Kochs und sagte: ›Mein Freund! Erbitte dir von mir eine Gnade.‹«

Und siehe da: Die persische Kochkunst taugte gar als Mittel der politischen Intrige. Der König wird in Firdausis Geschichten aus dem Schahnameh buchstäblich weich gekocht. In dem Moment, in dem er Ahriman einen Wunsch freistellt, ist er verloren …

Traditionell vegetarisch geprägt

Sei es aus Furcht oder aus schlichtem Mangel, der Siegeszug des Fleisches brach sich im Iran nur schleppend Bahn. Von ihrer Basis ist die persische Küche immer noch stark vegetarisch geprägt. Viele Gerichte, die heute mit Fleisch zubereitet werden – vor allem die Eintöpfe mit ihren eiweißhaltigen Hülsenfrüchten –, lassen sich auch vegetarisch herstellen. Um das Essen dennoch fett zu machen, gibt es ein altes Hausmittel, das darin besteht, einen mehrmals verwendbaren Baumwollbeutel, gefüllt mit Walnüssen, Mandeln, Sesam, Kürbis- oder Melonenkernen, beim Kochen in den Topf zu hängen.

Die alte persische Einsicht, dass vegetarische Gerichte gesünder sind und ein längeres Leben ermöglichen, gerät in den Städten immer mehr in Vergessenheit. Dank schnellerer und effektiverer Transportmöglichkeiten werden dort frischer Fisch und frisches Fleisch aus allen Regionen angeboten. Für die Mittelschicht sind sie längst kein Luxus mehr.

Wer dennoch selber schlachtet, handelt nach dem traditionellen Grundsatz, kein Gramm wegzuwerfen. Alles Verwendbare vom Kopf bis zu den Hoden landet im Kochtopf.

Der Kabab-Kult

Der Grill steht im Zentrum der weltberühmten iranischen Kabab-Kultur. Früher hieß Restaurant *Kabab-khaneh*, Ort zum Grillen.

Der *Tschello Kabab* ist so etwas wie das Nationalgericht Irans. Das marinierte, am Spieß gegrillte Fleisch wird mit Reis, einer Grilltomate, Butter, Eigelb, Zwiebel und *Sumagh* serviert, einem Gewürz aus den getrockneten und dann zerriebenen Beeren des Sumach-Strauches. Viele Restaurants bieten nichts anderes als *Tschello Kabab* an. Über die Fleischqualität entscheidet der Preis. Am billigsten ist der *Tschello Kabab-e kubideh*, der Hackfleischspieß mit Reisbeilage.

Reis in jeder Form

Ohne Reis kein Preis: So ließe sich das bekannte Sprichwort mit Blick auf die persischen Küchenverhältnisse abwandeln. Ähnlich wie in Deutschland die Kartoffel hat das alles beherrschende, vor drei Jahrtausenden zuerst in einem indo-iranischen Volksstamm nachweisbare Grundnahrungsmittel Reis die persische Kochfantasie beflügelt. Ob als Beigabe zu Fleisch, zu Geflügel, Hülsenfrüchten, Gemüsen oder Trockenobst *(Pollo)* oder ganz einfach pur *(Tschello)*: Besonders die harte Reisbodenkruste *(Tahdig)* gilt als Hochgenuss. Sie erfordert seitens der Köchin viel Fingerspitzengefühl. Deshalb wird im Iran am Gelingen des *Tahdig* ihre gesamte Kochkunst beurteilt. Auch wenn sich die goldbraune Bodenkruste heute im elektrischen Reiskocher *(Pollopaz)* mühelos zubereiten lässt, so wunderbar locker und duftend wie nach traditioneller Zubereitung wird der Reis dabei nicht.

»Genieße ihn, und du wirst leben!«

Vielfalt der Eintöpfe

Die Iraner teilen eine durch den Magen gehende Liebe mit den Deutschen: die zum Eintopf. Sehr beliebt sind Gemüse-Fleisch-Eintöpfe *(Khorescht)* sowie die gehaltvollen *Aasch*-Suppen aus Hülsenfrüchten (Kichererbsen, rote Linsen, gelbe Erbsen, weiße Bohnen, Augenbohnen und die dicken Baghla-Bohnen werden am häufigsten verwendet) und frischen Kräutermischungen (die typische *Aasch*-Mixtur besteht aus Schnittlauch, Dill und Petersilie, die mit Spinat und Koriander vermengt werden). Die lange vegetarische Tradition und die Kunst der sanften Würzung weisen dem Fleisch nur eine Nebenrolle zu.

Saucen-Künste

Besonders originell und für Entdecker der persischen Kochkunst überraschend sind die süßsauren Saucen. Wer schon einmal in einem persischen Restaurant aß, wird sich an die dunkle Granatapfel-Walnuss-Sauce erinnern, die mit Hähnchenfleisch (im Norden auch mit Ente) zubereitet wird. Der Name dieses beliebtesten *Khorescht* lautet *Khorescht-e-fessendschan:* »Genieße ihn, und du wirst leben!«

Die Herstellung der Saucen erfordert viel Geduld. Will man die goldene Mitte des süßsauren Geschmacks treffen, müssen sie oft über Stunden auf kleiner Flamme köcheln. Der Fruchtzucker im Obst sorgt für die süße Note im Geschmack, für die saure der Saft von Zitronen oder unreifen grünen Trauben (die übrigens lange als Salzersatz dienten). Die verwendeten Walnüsse (beziehungsweise Mandeln oder Pistazien) werden gerne zuvor geröstet, da sie so ihr volles Aroma entfalten.

Noch ein Tipp: Den *Khorescht,* der aufgewärmt meist noch besser schmeckt, immer getrennt vom *Tschello* servieren! So übertüncht er nicht den feinaromatischen Reis-Eigengeschmack.

Beilagen-Slalom

In Regionen, in denen kein Reis angebaut wird und dieser deshalb kostspielig ist, wird das Essen meist vom traditionellen, hauchdünn gebackenen Fladenbrot aus Weizenmehl begleitet. Mit ihm tunkt man die gehaltvollen Saucen auf.

Bei den Beilagen herrscht auch sonst Vielfalt: von Gemüsepürees und Kräutersaucen über Joghurtmixturen *(Mast)* und Eingelegtem (Knoblauch etc.) bis hin zu den verschiedenen Salaten. Beliebt ist vor allem der mit Tomaten und Gurken zubereitete *Salad Shirazi.* Für deutsche Zungen dürfte der gehaltvolle *Salad Oliwieh* aus Kartoffeln, Eiern, Hühnerfleisch, sauren Gurken und Erbsen eine besonders interessante Party-Variante sein.

Auch ein Teller mit weißem Käse *(Panier)* aus Schafs-, Ziegen- oder Kuhmilch befindet sich auf jeder Festtafel. Die berühmtesten sind der *Panier-e-Tabris*, der *Panier-e-Ghaswin* und der *Panier-e-Golpaygan.* Allerdings werden sie – anders als in Europa – nie in heißen Gerichten, in Saucen oder zum Überbacken verwendet, sondern immer separat serviert. Als Zwischenmahlzeit mit Kräutern *(Sabsi Khordan)* und Brot ist Käse im Iran besonders beliebt. Eine alte Begrüßungsformel, mit der man Überraschungsgäste empfängt: »Seien Sie herzlich willkommen, mit Vergnügen teilen wir unseren Bissen Brot und Käse mit Ihnen.«

Mächtige Süßspeisen

Ein Wort für Nachtisch kennt die persische Sprache nicht. Dennoch lieben auch die Iraner das Süße, wie die Auslagen der Konditoreien mit ihren Creme- und Sahnetorten zeigen. Die schweren Kuchen gehören allerdings nicht zur persischen Tradition, sondern gehen auf andere Einflüsse zurück. Viele der typisch persischen, oft sehr mächtigen Süßspeisen haben einen religiösen Ursprung. So stehen *Scholeh Sard*, ein

Milchreis mit Safran und Mandeln, oder der Safran-Kuchen *Halwa* in Zusammenhang mit persischen Trauerfeierlichkeiten. *Halwa* wird an den ersten drei Tagen sowie am siebten und vierzigsten Tag nach dem Tod an Verwandte, Nachbarn und Bedürftige verteilt, *Scholeh Sard* (genauso wie der *Aasch-e-Reschteh*) am jährlichen Todestag.

Die Safran-Creme *Katschi* dagegen dient der Feier des neuen Lebens. Sie wird den Müttern am Tag nach der Geburt gereicht, um ihnen neue Kraft zu verleihen.

Und *Samanu*, der heute wegen seiner aufwändigen, sich über Tage hinziehenden Zubereitung fast vergessene süße Malzbrei war früher am Neujahrstag eines der sieben mit dem Buchstaben »S« beginnenden Symbole auf jedem *Sofreh haft sin*.

Tee als Nationalgetränk

Im Iran sind Süßspeisen nach dem Essen eher unüblich. Immer jedoch gibt es einen großen Teller mit frischen Früchten, sowie Trockenobst und Gebäck als Beigabe zum obligatorischen Tee. In vielen Familien wird er im Samowar den ganzen Tag über verfügbar gehalten. Zum persischen Nationalgetränk wurde er allein deshalb, weil mit dem Kaffee die Schmach der arabischen Fremdherrschaft vom 7. bis zum 12. Jahrhundert assoziiert wird.

Tee wird in großen Mengen und meist schwarz getrunken. Selbst beim kürzesten Zusammentreffen kommt er in kleinen, dünnwandigen Gläsern auf den Tisch. Auch Geschäfte halten ihn oft für ihre Kundschaft bereit. Meist wird er stärker als in Europa getrunken. Um den bitteren Geschmack zu dämpfen, kombiniert man ihn mit Würfelzucker, Trockenfrüchten oder Süßigkeiten (mit Vorliebe dem selbst gemachten *Nabat*). Als unhöflich gilt es, ihn mit Schaum oder Blattresten anzubieten.

Symbol der Liebe: Safrantee

Nicht jeder trinkt seinen Tee schwarz. Gerne wird er aromatisiert mit Zimt, Kardamom, Safran, Nelken oder getrockneten halbierten Limonen. Als Symbol für die Liebe gilt auch heute noch der mit Honig gezuckerte Safrantee mit Kardamom. Er wird den zukünftigen Schwiegereltern von der angehenden Braut serviert, wenn ihre Eltern sich mit der Hochzeit einverstanden erklärt haben.

Bevor der Tee über die alte Gewürzstraße nach Persien kam und zum Nationalgetränk aufstieg, waren *Torsch* (gezuckerter Obstsaft) und *Randagh wa Golabnabat* (in gekochtem Wasser aufgelöste Rosenwasserbonbons) die beliebtesten Heißgetränke. Zu den klassischen Alltagsgetränken gehören auch *Scharbat*, ein Heiß- oder Kaltgetränk auf der Grundlage von Kräuteressenz oder Obstsirup, sowie *Afschoreh*, ein Obstsaft, der entweder frisch gepresst (aus Orangen, Granatäpfeln, Berberitzen, Trauben, Melonen etc.) oder aus eingeweichtem Trockenobst hergestellt wird.

Lob der Gastfreundschaft

Gastfreundschaft ist im Iran oberstes Gebot. Selbst der unangekündigte Gast wird stets willkommen geheißen. *Habib e Khoda*, wie er genannt wird, bedeutet nicht weniger als »Freund Gottes«. Ein Obstteller, eine Tasse Tee, die klassischen Appetitanreger (Pistazien, Walnüsse etc.) sowie Gebäck stehen jederzeit bereit.

Auf den Tisch kommt dabei oft auch das Paradeprodukt des langjährigen Erzfeindes USA: die Coca-Cola. In diesem Punkt geht es der persischen Küche nicht anders als anderen Nationalküchen: Auch sie sieht sich, obwohl in weit geringerem Maße, von der Fastfood-Kultur bedroht. So gingen Anfang der neunziger Jahre die Bilder des ersten Teheraner McDonald-Schnellrestaurants um die Welt.

Ähnlich wie in Frankreich wird auch im Iran während des Essens oft über das Essen gesprochen: über Varianten der Zubereitung, über besonders empfehlenswerte Restaurants und Ähnliches. Die restriktiven islamischen Kleider- und Verhaltensvorschriften für Frauen spielen im Familienkreis in der Regel keine Rolle. Im eigenen Haus hat jeder selbst »das Sagen«, so dass bei den Mahlzeiten von den meisten Männern die Fassade patriarchalischen Gehabes abfällt.

Die Tradition der Armenspeisung

Essen ist für Perser »eine Gabe Gottes« *(Ne Mat)*. Deshalb gilt es als Sünde, die Reste in den Müll zu befördern. Entweder verschenkt man sie an Nachbarn oder an Bedürftige. Wie fest die Armenspeisung in der persischen Kultur verankert ist, zeigt sich am Vorabend des letzten Mittwochs vor dem Neujahrsfest Noruz. Nach dem traditionellen Sprung über ein offenes Feuer – einer Art Fastnachtsbrauch, bei dem man dem Feuer zuruft: »*Sorkhieh to az man wa zardieh man az to!*« (»Gib mir deine gesunde, schöne rote Farbe und nimm dafür meine krankhafte Blässe!«), gehen junge Mädchen singend von Tür zu Tür, um Hülsenfrüchte zu sammeln. Am nächsten Tag werden sie dann zu *Aasch*-Gerichten verarbeitet und verteilt.

In meiner Kindheit war dieses gemeinsame Kochen für die Frauen ein Fest. Es bot ihnen Gelegenheit, sich ihre Sorgen von der Seele zu reden und über Alltägliches zu scherzen.

Die Symbolkraft der Nahrung

Der Anlässe, zu denen besonders erlesen und mit vielen Gästen gespeist wird, sind viele: neben dem Abend des Feuerspringens das Neujahrsfest Noruz, Hochzeiten, Geburten, die Feier des ersten Babyzahns, Schlachttage, Familientreffen, Trauerfeiern, die längste Nacht des Jahres.

Bestimmten Nahrungsmitteln wird dabei eine besondere Bedeutung zugewiesen. Auch ich ging als Kind nach dem Sprung über das Feuer mit etwas Asche in einem Topf und einem Kopftuch verkleidet (denn man durfte mich nicht erkennen) von Tür zu Tür. Mit einem Löffel klopfte ich an und man reichte mir Trockenfrüchte oder Pistazien. Diese Gabe, so hieß es, würde meine tiefsten Wünsche in Erfüllung gehen lassen.

Die Tradition des Noruz-Festes

Den Höhepunkt der Festkultur bildet Noruz, wenn zu Beginn des Frühlings im Iran das neue Jahr begrüßt wird (*Ruz* heißt Zeit, *Noruz* neue Zeit, neues Jahr). Es beginnt im Moment der Tag-und-Nacht-Gleiche, wenn die Sonne in das Sternbild des Widders eintritt. Verkündet wird es traditionell von Hadschi Firuz, einer rot kostümierten Narrenfigur mit schwarz geschminktem Gesicht. Singend tanzt sie durch die Straßen und sammelt in ihrem spitzen Hut von den Umstehenden Geld. Das Noruz-Fest geht zurück auf den Propheten Zarathustra (um 630 vor Christus). Er predigte den Glauben an Ahura Masda, den Gott des Guten, des Lichts, des Lebens, der ständig im Kampf mit seinem Widersacher Ahriman steht, dem Fürsten des Bösen und der Finsternis. Obwohl der Zoroastrismus heute offiziell unerwünscht ist, lässt sich das Noruz-Fest auch mehr als zwei Jahrzehnte nach der islamischen Revolution als familiäres Großereignis nicht wegdenken. In der Bedeutung vergleichbar mit den deutschen Weihnachtsfeiern, setzt es ungeheure Energien frei. Da im Rahmen dieses Festes nur Geldgeschenke vorgesehen sind, können sich die Iraner ganz auf den Kauf der Festkleidung und den Frühjahrsputz konzentrieren. Denn Haus oder Wohnung müssen blitzblank sein. Aus allen Richtungen hört man Teppichklopfen und -schrubben. Manch einer streicht jedes Jahr die Wände neu.

Der Brauch dieses Neujahrsfestes reicht zurück bis in die Zeit der Sassaniden-Dynastien (zwischen dem 3. und 7. Jahrhundert nach Christus), als der Zoroastrismus Staatsreligion war. An Noruz tauschte der Herrscher mit seinen Untertanen Geschenke aus, was später auch dem Zweck des Steuereintreibens diente.

Die sieben »S« des Noruz

Für die Feier wird stets ein *Sofreh haft sin* mit sieben Dingen arrangiert, die im Persischen mit dem Buchstaben »S« beginnen. Das können Küchenzutaten sein wie *Serkeh* (Essig – als Symbol der Konservierung), *Sir* (Knoblauch – der medizinischen Wirksamkeit wegen), *Sabzeh* (auf einem Teller in Wasser gelegte, grün keimende Weizenkörner – als Zeichen des erwachenden Lebens), *Sumagh* (ein Gewürz aus den zerriebenen Früchten des Sumach-Strauches), *Sib* (Apfel) oder *Sendsched* (Mehlbeeren). Oder man präsentiert eine Schale mit Rosenblüten (für ein Leben voller Duft), Kerzen (für ein langes Lebenslicht), ein paar Münzen in einer Tasse Wasser (für den Reichtum), einen Goldfisch in einer runden Glasvase (für die Vitalität), einen Spiegel (der das Licht sammelt und damit auch das Bild der Gottheit reflektiert), gefärbte Eier (für die Fruchtbarkeit) oder ein Buch des persischen Dichters Hafis – und der Koran darf natürlich nicht fehlen.

Spannend für Kinder ist vor allem der Moment des Jahreswechsels. Denn einer alten persischen Sage zufolge ruht die Weltkugel auf dem Horn eines Stieres. Wenn das neue Jahr beginnt, so heißt es, wird das Gewicht auf das andere Horn verlagert. Die dadurch angeblich verursachten Erderschütterungen lassen sich am Wackeln der auf dem *Sofreh haft sin* liegenden Eier oder am Zucken des Goldfischs ablesen.

Picknick am 13. Tag

Am 13., dem letzten Tag der Neujahrsfeierlichkeiten trifft man nur wenige Iraner zu Hause an. Denn das soll, der Magie der Zahl 13 zufolge, Unglück bringen. Nach dem Abräumen des *Sofreh haft sin* ziehen die Familien an einen Bach, einen Fluss oder ans Meer. Dort werden die grün aufgekeimten Weizenkörner von einem jungen, noch unverheirateten Mädchen (in der Hoffnung, dass es das nächste Neujahrsfest mit Ehemann und Baby feiern kann) wieder der Natur übergeben. Mit den Keimlingen treibt, so glaubt man, auch das Unglück fort. Und natürlich müssen all die aus dem Haus Geflohenen etwas essen, also picknicken – was dem allgemeinen Frohsinn sehr zuträglich ist. Denn danach wird, wie am ersten Tag von Noruz, unter freiem Himmel getanzt und gesungen.

Zuckerbrot zur Hochzeit

Auch bei Hochzeiten ist viel Nahrungssymbolik im Spiel. Vor den Geschenken ihres Verlobten, einem Kristallspiegel und zwei Kerzenleuchtern, den Symbolen für Reinheit und Liebe, erwartet die Frau ihren Zukünftigen. Vor ihr ist der *Sofreh Ard* ausgebreitet, eine kostbare, handgemachte Decke, auf der die symbolischen Nahrungsmittel und Gegenstände angeordnet sind, die den Jungvermählten Glück und Wohlstand bescheren sollen: Zuckerdragees; eine Platte mit Brot, Weißkäse und Kräutern, die nach der Trauungszeremonie unter den Geladenen verteilt werden; ein Korb Hühnereier als Sinnbild der Fruchtbarkeit; ein Töpfchen Honig, Symbol der süßen Zukunft; zwei Zuckerbrote, die später über dem Kopf der Zukünftigen von zwei ihrer Freundinnen aneinander gerieben werden, um einen symbolischen Regen des Glücks und der Süße zu erzeugen; Vasen mit frischen Blumen, schön wie das Zusammenleben; ein Flakon mit Rosenwasser, das die Luft parfümieren soll; eine Nadel mit sieben verschiedenfarbigen Fäden, um notfalls den Mund der Schwiegermutter zunähen zu können; eine Schüssel mit ungeschälten Mandeln und Nüssen und ein aufgeschlagener Koran.

Nach dem Ja-Wort stecken sich die Vermählten gegenseitig ein Zuckerdragee in den Mund. Dann werfen Verwandte und Freunde weitere Dragees sowie Gold- oder Silberstücke über sie und überreichen ihnen ihre Geschenke. Anschließend machen sich alle für die große Hochzeitstafel zurecht. *Chirin-Pollo*, süßer Reis, ist ganz sicher dabei. Und viele andere Gerichte werden serviert – bis hin zum obligatorischen Hochzeitskuchen. Nach dem Essen wird wie bei allen großen Festen getanzt und gesungen.

Nüsse und Mandeln für die längste Nacht des Jahres

Die längste Nacht des Jahres – um den 21. Dezember – gehört zu meinen schönsten Kindheitserinnerungen und heißt *Chabe Tschelleh*. Nach dem Essen erzählten wir uns im Familienkreis die ganze Nacht über Geschichten, um wach zu bleiben und so, wie es heißt, die Macht der Dunkelheit zu brechen. Auf dem Tisch (in kälteren Regionen der traditionelle kurzbeinige *Corsy*, unter dem sich eine Schale mit glühenden Holzkohlen als Heizung befindet) stand eine Schüssel *Adschil*, eine Art »Studentenfutter« aus Rosinen, gerösteten und gesalzenen Nüssen, Mandeln, Pistazien, Kichererbsen, Melonen- und Kürbiskernen. Als Zeichen des Widerstands gegen die Nacht wurde außerdem die typische persische Winternahrung, eingemachte Früchte und Gemüse, aufgetragen.

Historische und regionale Besonderheiten

Islamische Einflüsse

Als die Araber Persien im 7. Jahrhundert eroberten, versuchten sie den Einwohnern nicht nur ihre Sprache aufzuzwingen, sondern auch ihre Religion: den Islam. So verdrängten die Anschauungen des Propheten Mohammed die Lehre Zarathustras und deren Fortführung im Mazdaismus und Parsismus (deren Anhänger emigrierten nach Indien, wo es heute noch etwa 100.000 von ihnen in der Wirtschaftsmetropole Bombay und im Staate Gujarat gibt). Fortan war der Verzehr des als »unrein« geltenden Schweinefleischs verboten und während des Fastenmonats Ramadan das Essen am Tag tabu.

Der Verlust der Weintradition

Das strikte Alkoholverbot erstickte auch die 2000 Jahre alte persische Weintradition. Berühmt war vor allem die Shiraz-Traube, die mit den heimkehrenden Kreuzrittern bis nach Europa gelangte. Der Dichter Omar Khayyam hat sie im 12. Jahrhundert besungen, und noch im 14. Jahrhundert beschrieb Schamsoddin Mohammed Hafis den Menschen in einem Gedicht als ein Produkt aus Erde und Wein. Für Hafis war der Wein darüber hinaus eine wichtige Inspirationsquelle, wie viele Gedichte aus seinem »Divan« bezeugen. »Preisgeben will ich mich dem Rausch«, schreibt er da, »bis ich nur noch das Tor bin, durch das die Bilder ziehn!«

Heute werden in den früher zentralen Weinanbaugebieten von Teheran, Khorasam, Farse und Shiraz ausschließlich Tafeltrauben geerntet – was allerdings nicht bedeutet, dass es im Iran keinen schwarz gebrannten oder vergorenen Alkohol gäbe.

Warum persische Küche und nicht iranische?

Persisch und iranisch, Persien und Iran – das ist für viele dasselbe. Doch war der vorislamische Name Iran, der so viel bedeutet wie »Land der Arier« (daher auch die guten Beziehungen zwischen Iran und Hitlerdeutschland), lange ungebräuchlich – genauer gesagt bis 1936, als Reza Pahlavi, der Vater des letzten Schahs, Persien wieder in Iran umtaufte. Mit der Akzentuierung der arischen Ursprünge wollte er ein Zeichen im nationalistischen Sinne setzen und sich von den starken arabischen Einflüssen distanzieren. Iran war ein Staatsname mit umfassenderer Bedeutung als Persien. Denn die Perser waren nur ein arischer Stamm unter vielen – allerdings einer, der das Land lange beherrschte. Seine kulturelle Dominanz schlug sich auch in Fragen der Kochkunst nieder, das heißt, die Küche Irans ist mehr von den Persern beeinflusst als von den anderen arischen Volksstämmen.

Regionale Unterschiede

An der 5000 Meter hohen natürlichen Barriere des Elburs-Gebirges, das die Hauptstadt Teheran vom Kaspischen Meer trennt, scheiterten die arabischen Eroberer. Deshalb gelten der Norden des Irans und seine Bevölkerung noch heute als unabhängiger und weltoffener.

Natürlicher Reichtum im Norden

Hinzu kam der Reichtum an natürlichen Ressourcen, vor allem an Wasser. Er hat den Küstenstreifen mit seinen dschungelartigen Wäldern, die sich die Berghänge hinaufziehen, zum Hauptlieferanten von Reis und Tee gemacht. Angebaut werden hier zudem Ölpflanzen, Gemüse, Orangen, Oliven, Gerste und Weizen.

In dieser wohl fruchtbarsten Region Irans habe ich Kindheit und Jugend verbracht. Was die Ernährung betraf, bemühte sich meine Familie um größtmögliche Unabhängigkeit. Den Hof bevölkerten Hühner, im Garten wuchsen

Früchte (Orangen, Granatäpfel, Feigen), Gemüse (Auberginen, Zucchini, Tomaten, Kartoffeln) und die wichtigsten Kräuter. Wir hatten ein Reis- und ein Teefeld, und wenn wir in die Berge fuhren, sammelten wir Kräuter und pflückten Waldbeeren, die später zu Marmelade verarbeitet wurden.

Auf Süßes waren wir als Kinder natürlich besonders begierig. Und deshalb ist auch die Erinnerung an meine Großmutter kulinarisch besetzt. Wenn wir bei ihr zu Besuch waren, beglückte sie uns mit zuckerbestreuten Spiegeleiern mit karamellisiertem Rand und Geschichten aus 1001 Nacht.

Den unweit von unserem Haus ins Kaspische Meer mündenden Bach konnte man in den sechziger Jahren noch für einige Tage von der Bezirksverwaltung mieten, um Seebarsche zu fangen, die dort laichten. Sie wurden ausgenommen, mit grobem Salz bestreut und, mit Steinen beschwert, in ein großes Tonfass eingelegt. Wie alles Eingemachte schützte uns der so konservierte Fisch auch vor möglichen Missernten und Versorgungsengpässen.

Kaviar in Pfannkuchen

Auch die Sünde stand auf unserem Speiseplan, zumindest auf dem der Heranwachsenden. Denn der Koran verbot allen Moslems den Verzehr von schuppenlosen Fischen und damit auch den des Störs und seiner Kaviarfracht. Da mein Cousin Fischer war, ging er ihm zuweilen ins Netz. Wir grillten ihn heimlich am Lagerfeuer und aßen den Kaviar in Pfannkuchen.

Erst 1983 hob Ayatollah Khomeini diese Vorschrift auf, um den lukrativen Export des wohl weltbesten Kaviars, dessen Qualität schon Aristoteles würdigte, wieder anzukurbeln. Häufig kommt der Stör aus weiter Ferne, zum Beispiel aus der Flussmündung der Gironde bei Bordeaux. Von dort, sofern er unterwegs nicht gefangen wird, benötigt er etwa drei Jahre, um durch Ostsee und Wolga bis in das salzhaltige Kaspische Meer zu gelangen. Die meisten Störe sind um die zweieinhalb Meter lang und rund 200 Kilogramm schwer.

Dattelpalmen im Süden

Zwischen dem regenreichen, waldigen Norden, der auf Fotos manchen Deutschen an den Schwarzwald erinnert, und den feuchtheißen Küsten des Persischen Golfs und des Golfs von Oman mit ihren Dattelpalmen- und Zuckerrohrplantagen erstrecken sich im zentraliranischen Hochland weite Wüstenlandschaften. Sie machen zwei Drittel der Fläche des Landes aus, das etwa viereinhalbmal so groß ist wie die Bundesrepublik Deutschland: 1.648.000 Quadratkilometer. Aufgrund der geringen Luftfeuchtigkeit werden die meisten im Land geernteten Früchte (Granatäpfel, Datteln, Feigen, Trauben, Aprikosen, Pflaumen, Kirschen, Zitrusfrüchte, Äpfel, Quitten, Pfirsiche) auch als Trockenobst konserviert. Dank besonderer Bewässerungssysteme gibt es im Inland aber auch zahlreiche grüne Oasen.

Was auf den Tisch kommt, hängt von Klimazone, Jahreszeit und dem Angebot der regionalen Märkte ab. In den großen Städten profitiert man, wie in Europa auch, von den beschleunigten Transportmöglichkeiten. Wer über das nötige Geld verfügt, kann sich dort mit Fisch-, Gemüse- und Obstspezialitäten der anderen Vegetationszonen versorgen. Im Übrigen kommen, wie in Deutschland auch, im Winter bevorzugt Hülsenfrüchte (Kichererbsen, Linsen, Bohnen etc.) in den Kochtopf, während im Frühjahr und im Sommer Obst und Frischgemüse dominieren.

Wechselwirkungen mit anderen Küchen

Einflüsse der persischen Küche auf andere Kochkulturen und umgekehrt hatten unterschiedliche Ursachen. Nachvollziehbar sind sie für die Minderheiten im eigenen Land (Kurden, Armenier, Assyrer, Juden) und die angrenzenden Nationen: Armenien, Aserbaidschan und Turkmenistan im Norden (früher Sowjetunion), die Türkei im Nordwesten, den Irak im Westen sowie Pakistan und Afghanistan im Osten.

Ausgelöst wurde der weitere Kochkulturenaustausch oft durch Kriege. Jede Eroberung brachte lange Aufenthalte in der Fremde mit sich oder hatte die Präsenz des Feindes im eigenen Land zur Folge. Hier sind die Perserkriege gegen die Griechen (500 bis 479/78 vor Christus) zu nennen und vor allem der 334 vor Christus beginnende Rachefeldzug von Alexander dem Großen. Denn den Makedonier faszinierte die persische Kultur.

Export persischer Kochkunst

Als besonders nachhaltig erwies sich der Einfluss der persischen Kochkunst auf die arabischen Eroberer, die sich vom 7. bis zum 12. Jahrhundert im Land aufhielten. Deren rudimentärer kulinarischer Horizont erweiterte sich beträchtlich – vor allem wegen der intensiven Handelskontakte über die alte »Gewürzstraße«, die Europa mit Indien und Südostasien verband. Über sie gelangten Einflüsse der persischen Kochkunst in fast alle Länder des Vorderen Orients. Umgekehrt verfeinerte diese sich ihrerseits durch die Einfuhr neuer Gewürze, Samen und Kulturpflanzen. So kamen Reis und Tee nach Persien. Die – meist mit Hackfleisch – gefüllten Gemüse *(Dolmeh)* verdanken ihre Verbreitung im gesamten Iran vor allem türkischen Einflüssen. Und im Süden des Landes hinterließ die scharfe indische Küche deutliche Spuren.

Im übrigen Land dagegen setzte sich die milde Würzung durch, die den Eigengeschmack der Gerichte hervorhebt und viel Fingerspitzengefühl erfordert. Am häufigsten verwendet wird Safran, wobei man die Fäden – bevor sie mit Öl in Berührung kommen – zu feinem Pulver zermahlen und in heißem Wasser auflösen muss. Hoch im Kurs steht auch Kurkuma, Gelbwurz. Mit Zwiebeln in Öl angebraten, gehört das Gewürz zu den meisten Fleischgerichten. Beliebt sind überdies Pfeffer, Kardamom, Zimt und Bockshornklee. Rosen- und Orangenblütenwasser werden, vorsichtig dosiert, zum Aromatisieren von Süßspeisen herangezogen.

Erfolgswege der Chutney-Saucen

Daran, wie weit die persische Kochkunst vorgedrungen ist, erinnern nicht nur die über die Araber verbreiteten indirekten Einflüsse bis nach Spanien (wo sich die Mauren vom 8. bis zum 15. Jahrhundert festsetzten), sondern auch manches Supermarktregal mit den heute so beliebten süßsauren Chutney-Saucen. Die nach dem Einfall der islamischen Araber aus dem Iran vertriebenen Anhänger der Lehre des Zoroastrismus (beziehungsweise der aus ihr hervorgegangenen Lehren des Mazdaismus und des Parsismus) hatten sie nach Indien gebracht, wo sie von den englischen Kolonisten kommerzialisiert wurden. Und Kommerzialisieren bedeutete leider schon immer Anpassung an den Massengeschmack.

Persische Küche im Exil

Der aus heutiger Sicht bedeutendste Katalysator für die Verbreitung der persischen Kochkunst in der westlichen Welt ist jedoch das politische Asyl. Denn sowohl der letzte Schah als auch das seit der Revolution von 1979 regierende Regime der Ayatollahs hat durch die autoritäre Politik rund vier Millionen Iraner ins Exil getrieben. Ob in den USA (vor allem in Kalifornien), in Frankreich oder Deutschland: In den westlichen Großstädten ist seit den siebziger Jahren eine eigene persische Restaurantkultur entstanden, flankiert von Lebensmittelgeschäften, in denen die Exil-Iraner mit den heimischen Spezialitäten versorgt werden.

In jedem Fall: Wer gewillt ist, sich auf die persische Kochkunst einzulassen, sollte zu den Ursprüngen der Gerichte zurückkehren, zur wohl überlegten, individuellen Dosierung einzelner Zutaten und Gewürze. Denn in Zeiten des Fastfood ist die Wiederentdeckung der Geschmacksnuancen ein ganz eigenes Abenteuer – eines, das man sich nicht entgehen lassen sollte. Die Wechselschmecker- und Gewürzphilosophie der persischen Küche aktiviert die Geschmacksnerven.

Eine eigene Philosophie des Kochens

Berühmt werden können auch im Iran nur männliche Köche. Sie repräsentieren die Kochkunst in der Öffentlichkeit. Innovativ im Sinne der Nouvelle Cuisine Française sind sie aber nicht. Sie arbeiten nach denselben Prinzipien wie die Frauen am heimischen Herd.

Vorrangiges Ziel der persischen Küche ist das Herausarbeiten des spezifischen Eigengeschmacks der Zutaten und ihrer Kombinationen. Garant hierfür ist das schonende Langzeitköcheln (von Suppen und Eintöpfen) und das vorsichtige Abschmecken mit Gewürzen. Die Beherrschung der Reiskrustenzubereitung *(Tadigh)* und die Gewandtheit beim Improvisieren mit den jeweiligen Zutaten, die der Markt bietet, gelten als Erkennungszeichen der geübten Köchin.

Kochkultur als oral history

Im Vergleich zur westlichen Welt springt der Mangel an Kochbüchern im Iran ins Auge. In Europa und den USA mag der ausufernde Kochbuchmarkt ein Phänomen der Überfluss- und Konsumgesellschaft sein. Im Iran aber ist die Kochkunst nach wie vor eine Familienangelegenheit. Die Tochter wird von der Mutter eingeweiht.

Als Teil der *oral history* ist die Entwicklung einzelner Gerichte selten genau zu datieren. Erschwerend kommt hinzu, dass die Araber über Jahrhunderte persische Literatur und Sprache unterdrückten. Im Zuge ihrer radikalen Arabisierungspolitik verboten sie auf Persisch geschriebene Bücher.

Einfluss hat die Kochkunst nicht zuletzt auch auf den Heiratsmarkt. Denn in der patriarchalischen Gesellschaft sind die Eltern des Mannes daran interessiert, sicherzustellen, dass für das leibliche Wohl ihres Sohnes gesorgt ist. Die zukünftige Schwiegertochter muss kochen können, sonst hat sie es schwer, einen Ehemann zu finden.

Morgenstund hat Gold im Mund

Als Kind war ich oft die Erste, die sich in die Morgenfrische wagte. Es lockte das Konzert der Vögel; das Rauschen der Wellen, die auf den steinigen Strand des Kaspischen Meeres aufschlugen; die ersten Sonnenstrahlen, die an den Spitzen der Orangenbäume leckten; der Tau auf den Gräsern, die meine nackten Füße kitzelten; meine Katzen, die mir um die Beine strichen; der Jagdhund meines Vaters, der gestreichelt werden wollte. Nur selten störte ein Motorbrummen von der Landstraße das Erwachen der Natur.

Wenn ich keine Hausaufgaben für die Schule machen musste, half ich meiner Mutter bei der Zubereitung des Frühstücks. Das *Sobhaneh* ist für eine persische Familie die vielleicht wichtigste Mahlzeit, denn keiner fehlt. Am reichhaltigsten ist das Frühstück nach einer Hochzeitsnacht. Dann wurden bei uns im Norden sogar Lammspieße gegrillt. An normalen Tagen trinkt man meist nur gezuckerten Tee oder heiße Milch und isst ein Stück Brot mit Ziegenkäse, Honig oder selbst gemachter Konfitüre (aus

Quitten, Wald- und Sauerkirschen, Feigen, Möhren, Orangenblüten oder Rosenblättern mit Nüssen). Oft gibt es auch ein gekochtes Ei oder ein Spiegelei.

Wartete körperliche Arbeit auf uns, aßen wir morgens mit den Landarbeiterinnen. Diese ernteten im Frühjahr den Tee und reihten die Setzlinge ins Reisfeld, auf dem das Unkraut häufig gejätet werden musste. Ende August folgte die Reis- und im November die Orangenernte. Und die damit verbundenen körperlichen Anstrengungen erforderten eine solide Grundlage für den Tag. Also bot man auch morgens Suppen und Eintöpfe mit Hülsenfrüchten an.

Noch heute frage ich mich deshalb jedes Mal, wenn ich Engländer frühstücken oder gerade aufgewachte Cowboys in einem amerikanischen Westernfilm ihre Bohnen essen sehe, ob hier nicht der lange Arm der persischen Küche serviert …

Typische Zutaten und Gewürze

Adwieh

Darunter versteht man je nach Region verschiedene Mischungen aus mindestens vier getrockneten Gewürzen. So werden für Reisgerichte meist Muskat, Koriander, Zimt und getrocknete Rosenblätter gemischt; für Khorescht-Eintöpfe dagegen Muskat, schwarzer Pfeffer, roter Pfeffer, Gelbwurz, Zimt, Kardamom und Koriander.

Datteln
Khorma

Im Iran werden die vitaminreichen Datteln meist frisch gegessen – sei es zum Tee (auch als Zuckerersatz) oder einfach zwischendurch. Zuckersüß und besonders saftig sind die aus den Oasen im Südosten des Landes.

Ursprünglich stammte die bis zu 30 Meter hohe Dattelpalme aus Mesopotamien, das 539 vor Christus von den Persern besetzt wurde. Gegen zu starke Sonneneinstrahlung schützt sie sich durch das Hochstellen ihrer Blätter. Regen wird durch eine trichterförmige Stellung der Blätter sogleich dem Stamm zugeleitet, der durch seine große Biegsamkeit auch Sandstürmen zu widerstehen vermag.

Bis zu einem Zentner Früchte wirft eine Palme im Jahr ab. Der Zuckergehalt frischer Datteln liegt bei 20 Prozent, der getrockneter bei über 60 Prozent. Verwendet werden sie auch in süßsauren Pollo-Gerichten.

Essig
Serkeh

Bei der Vorratshaltung für den Winter spielt Essig zum Gemüseeinlegen seit langem eine zentrale Rolle. Die Erkenntnis, dass sich Alkohol mit der Zeit in Essig verwandelt, dürfte so alt sein wie die persische Weintradition. Durch das

Einlegen in mit Kräutern und Obst angereichertem Gewürzessig bleiben die Gemüse monate-, ja jahrelang haltbar. Mehr noch: Sie nehmen einen feinsäuerlichen Geschmack an. Dadurch eignen sie sich besonders gut als Appetitanreger oder Beilage. Die Essigqualität entscheidet dabei über die Qualität der eingelegten Gemüse.

Fruchtkonzentrate

In vielen Khorescht-Gerichten sorgen sie für die goldene Mitte des süßsauren Geschmacks. Besonders beliebt sind das Granatapfel- und das Bitterorangen-Konzentrat. Für ihre Herstellung müssen die Früchte viele Stunden bei kleinster Hitze köcheln, um ihnen das Wasser zu entziehen. So wie die unreifen grünen Trauben dienten Fruchtkonzentrate früher auch als Ersatz für das schwer erhältliche Salz.

Hülsenfrüchte

Früher deckten vor allem sie den Eiweißbedarf der Bewohner Persiens, die lange Zeit Vorbehalte gegen den Verzehr von Fleisch hegten. Am häufigsten verwendet werden Kichererbsen, rote Linsen, gelbe Erbsen, weiße Bohnen, Augenbohnen und dicke Baghla-Bohnen. Ihr Eiweißgehalt liegt zwischen 20 und 50 Prozent. Darüber hinaus sind sie sehr stärkereich.

Kardamom
Hel

Anders als in den europäischen Küchen findet das Gewürz nicht nur in Süßspeisen Verwendung, sondern auch in Reisgerichten, Fleisch-Eintöpfen und bei der Teezubereitung. Gewonnen wird Kardamom aus den aromatischen Samen des Malabar-Ingwers, der aus Indien stammt und dort auch als Arznei benutzt wird. Über die berühmte Gewürzstraße kam er nach Persien.

Koriander
Geschnies

Anders als in den europäischen Küchen findet nicht nur der kugelförmige Samen des *Coriandrum sativum* (ein Doldenblüter) Verwendung.

Auch das nach Orangen riechende grüne Kraut gehört zum frischen Kräuterangebot bei Tisch. Nicht von ungefähr, denn im Orient ist Koriander seit langem als verdauungsfördernde Arznei bekannt. Verwendet wird er auch in Saucen und Salaten.

Kurkuma (Gelbwurz)
Sardschube

Mit Zwiebeln in Öl angebraten, gehört das Gewürz – auch wegen seines gelben Farbtons – zu den meisten persischen Fleischgerichten. Es zählt zur Gattung der Ingwergewächse, die in etwa 60 Arten vor allem im tropischen Asien angebaut werden. In der *Adwieh*-Gewürzmischung wird die Kurkuma in gesüßter Form verwandt. Dafür muss man sie drei bis vier Tage wässern (wobei jeden Abend das Wasser gewechselt werden muss), erneut trocknen und dann zermahlen. Im Currypulver, das aus bis zu 20 Gewürzen zusammengemischt, aber nur im Süden des Irans benutzt wird, bildet Kurkuma den Grundbestandteil. Zudem wird sie als Heilmittel bei Leber- und Gallenleiden eingesetzt.

Reis
Berendsch

Ohne die berühmte Karawanenstraße, die Persien mit Indien und China verband, wäre das Fladenbrot wohl einige Jahrhunderte länger die Hauptbeilage bei Tisch geblieben. So aber liegt heute das wichtigste iranische Reisanbaugebiet im Norden am Kaspischen Meer, da es dort am meisten regnet. Wegen des Eigenbedarfs wird persischer Reis jedoch nicht exportiert, so dass man in Europa auf den hochwertigen Basmati-Reis zurückgreifen muss, der ähnlich aromatisch im Geschmack ist.

Rosenwasser
Golab

Rosenwasser wird vor allem zum Aromatisieren von Süßspeisen herangezogen. Wegen seines intensiven Dufts muss es aber vorsichtig dosiert werden. Es fällt als Destillationswasser bei der

Produktion des kostspieligen Rosenöls an (für einen Liter reines Rosenöl müssen 4.000 bis 5.000 Blüten gepflückt werden).

Safran
Safran

Bei jedem Festmahl springt als Erstes der appetitanregende grellgelbe Farbton des Safrans ins Auge. Seine aufwändige Ernte hat ihn zum teuersten Gewürz der Welt gemacht. Um ein Kilogramm zu erhalten, sind 80.000 Blüten des *Crocus sativus,* einer Krokusart, nötig. Je nach Qualität kostet es bis zu 6.000 Euro.

Im Herbst ziehen die Pflücker über die Felder und entfernen die feinen, orangefarbenen Blütennarben vorsichtig mit der Hand. Danach werden sie getrocknet und vom Hersteller meist direkt zu Pulver zermahlen. Besser ist es jedoch, Safranfäden zu kaufen und sie erst unmittelbar vor dem Kochen in einem Mörser zu zerstoßen; so geht weniger Aroma verloren.

Das Pulver wird in heißem Wasser aufgelöst, damit sich der Safran besser in den Speisen verteilt. Ein gelbes ätherisches Öl gibt ihm seinen würzigen Duft und seinen bitteren Geschmack. Für seine aufreizende Farbe sorgen gelbe und rote fettlösliche Karotinoide.

Es wird vermutet, dass der Safran ursprünglich aus Griechenland und Kleinasien stammt. Möglicherweise haben ihn die Perser dort auf einem ihrer Kriegszüge entdeckt. Jedenfalls ist er im ersten vorchristlichen Jahrtausend in Persien bezeugt. Danach verbreitete er sich – vor allem wahrscheinlich durch die arabischen Invasoren – im ganzen Mittelmeerraum bis hin nach Spanien.

Sumach
Sumagh

Das Gewürz aus den zerstoßenen Samen des strauchartigen Essigbaumes ist von säuerlich-herbem Geschmack. Verwendet wird es vor allem bei der Zubereitung von *Aasch*-Gerichten und *Tschello Kabab.* Als Nahrungssymbol findet es sich auf dem *Sofreh haft sin* anlässlich der Neujahrsfeierlichkeiten.

Trockenfrüchte

Aufgrund der geringen Luftfeuchtigkeit im Landesinneren werden viele Früchte (Datteln, Feigen, Mirabellen, Trauben, Aprikosen, Pflaumen, Kirschen, Zitrusfrüchte, Äpfel, Quitten, Pfirsiche etc.) durch Trocknen konserviert. Besonders originell sind die luftgetrockneten Limonen *(Limo Amani),* die den Gerichten einen entschieden säuerlichen Geschmack verleihen. Getrocknete Berberitzen, die ebenfalls säuerlich schmeckenden Früchte des gleichnamigen Sauerdorngewächses, dienen aufgrund ihrer aufreizend roten Farbe vor allem zum Garnieren von Reisgerichten (wie auch die kernlosen Rosinen).

Trockenjoghurt
Kaschk

Eine Besonderheit der persischen Küche ist der für europäische Zungen fremd anmutende *Kaschk,* ein der besseren Haltbarkeit wegen getrockneter Joghurt. Vor allem bei den *Aasch*-Gerichten setzt er seinen ganz eigenen geschmacklichen Akzent.

Die Zubereitung ist nur im Sommer in einem so trockenen Klima wie dem zentraliranischen möglich. Zunächst wird der säuerliche Joghurt entrahmt und gesalzen. Dann füllt man ihn in einen Baumwollsack und hängt ihn drei bis vier Tage zum Entwässern auf. Aus der zurückbleibenden Joghurtmasse formt man kleine Klößchen und lässt sie auf einem Baumwolltuch trocknen, bis sie hart werden. Nun kann man sie einige Jahre lagern.

Will man die wie Kalkstein aussehenden *Kaschk*-Klumpen in Joghurt zurückverwandeln, musste man sie früher über Nacht in Wasser einweichen. Am nächsten Tag legte man sie in eine Tonschale, um sie zu zerreiben und esslöffelweise mit Wasser zu vermengen. Heute wird *Kaschk* als Pulver angeboten, das mühelos anzurühren ist.

Walnüsse
Gerdu

Anders als in den europäischen Küchen werden Walnüsse nicht nur für Gebäck und Nachspeisen oder mit Haselnüssen, Mandeln und Pistazien *(Adschil)* als Appetitanreger genutzt. Verwendet werden sie auch in Joghurt-Variationen *(Borani)* und in Fleisch-Eintöpfen (etwa dem berühmten *Khorescht-e-fesendschan*). Die Samen der zwei- oder vierfächrigen Steinfrüchte des bis zu 25 Meter hohen Walnussbaums sind stark ölhaltig. Deshalb dienen sie in vegetarischen Gerichten oft als Fleischersatz. Es empfiehlt sich jedoch, vor dem Servieren zur besseren Verträglichkeit ein wenig Öl abzuschöpfen.

Zimt
Dartschin

Das hellbraune, süßlich riechende Gewürz des Zimtbaumes *(Cinnamomum zeylanicum)* wird – anders als in Europa – nicht nur für Gebäck und Süßspeisen verwendet, sondern auch in *Pollo*-Gerichten. Die Zimtstangen finden sich an der Innenseite der Rinde, die nach dem Abschälen getrocknet wird und sich dabei einrollt. Über die Gewürzstraße gelangte der Zimt von Südostasien nach Persien.

Brot
Nan

Brot ist auf jedem Sofreh im Iran die wichtigste Beilage und wird zu jedem Essen gereicht. Es gibt vier verschiedene Hauptsorten, die – abgesehen vom Barbari-Fladenbrot – nur vom Bäcker gebacken werden: die Fladenbrote Nan-e-Taftun und Nan-e-Lawasch, das dickere, dem türkischen Fladenbrot ähnelnde Nan-e-Barbari sowie das auf Kieselsteinen gebackene, daher löchrige Nan-e-Sangak – die ersten drei mit Weizen-, Letzteres mit Roggenmehl. Vor allem für das im Steinofen zubereitete Nan-e-Lawasch braucht man, da es hauchdünn gebacken werden muss, neben speziellem Küchengerät auch viel Geschicklichkeit und Backroutine.

Iranische Bäcker backen dreimal am Tag, um das Brot zum Frühstück, Mittag- und Abendessen jeweils frisch verkaufen zu können. Zum einen schmeckt es natürlich ofenwarm am besten, zum anderen schimmelt es aufgrund seiner Hefebasis leicht. Die regelmäßigen Warteschlangen vor den Bäckereien gehören zum Straßenbild.

Eine Ausnahme bilden die kleinen Dörfer des trockenen iranischen Inlands, die oft keine eigene Bäckerei haben. Dort traf und trifft man sich zum Brotbacken: einmal in der Woche, alle zwei bis drei Wochen, ja, früher sogar nur alle zwei bis drei Monate. Zu Hause schützt eine spezielle Aufhängung (Sarbareh) mit vier Seilen unter der Zimmerdecke das Brot vor Mäusen und Feuchtigkeit. Da es nicht mit Hefe zubereitet wird, sondern mit Wasser und Roggenmehl, ist es, trocken gelagert, über Monate haltbar – so zum Beispiel das in den Regionen Fars und Khuzistan gegessene Nan-e-Tiri, das in einer Pfanne hauchdünn gebacken wird. Oft ist das getrocknete, harte Brot in Regionen ohne Reisanbau die einzige Beilage. Damit es zu beißen ist, wird es vor dem Essen mit Wasser beträufelt.

Aus der Not eine Tugend machen übrigens auch die Nomaden. Sie backen ihre Fladenbrote in dickerer Form in der heißen Asche ihrer heruntergebrannten Lagerfeuer. Das gibt den Broten einen eigenartigen würzigen Geschmack.

Barbari-Fladenbrot
Nan-e-Barbari

3-4 Stunden Vorbereitungs- und Kochzeit
für 4 Stück

800 g Weizenmehl
1 Würfel frische Hefe
2 EL Zucker
3 EL Öl
3 EL Sesam

◆ Die Hefe in ½ Tasse lauwarmem Wasser mit 1 EL Zucker verrühren. An einem warmen Ort zugedeckt 10 Minuten gehen lassen.
In einer großen Schüssel 1 Tasse lauwarmes Wasser mit 1 EL Salz, Öl und dem restlichen Zucker verrühren. Die Hefe zugeben und alles nach und nach mit 700 g Mehl vermengen. Mit den Händen gut durchkneten. Falls der Teig zu trocken ist, einige EL lauwarmes Wasser zugießen und noch einmal durchkneten. Ist er zu feucht, etwas Mehl beifügen. An einem warmen Ort zugedeckt zwei Stunden gehen lassen.
Den Teig herausnehmen und in vier Stücke teilen. Die Teigballen auf einer mit Mehl bestäubten Arbeitsfläche 1 cm dick oval ausrollen. Mit einem Küchentuch bedeckt weitere 30 Minuten gehen lassen.
Währenddessen 1 EL Mehl mit 1 Tasse kaltem Wasser in einem Topf gut verrühren. Bei schwacher Hitze köcheln, bis die Masse eindickt und silbern schimmert. Abkühlen lassen und mit einem Pinsel auf die Oberfläche der Teigfladen streichen. Mit feuchten Fingerkuppen Muster in die Fladen eindrücken und sie mit Sesam bestreuen. Auf einem mit Backpapier ausgelegten Blech in den vorgeheizten Ofen schieben (Mittelschiene) und bei 250° 10 bis 12 Minuten hellbraun backen.

Lawasch-Fladenbrot
Nan-e-Lawasch

3 Stunden Vorbereitungs- und Kochzeit
für 15 Stück

500 g Weizenmehl
½ Würfel frische Hefe
1 TL Zucker

◆ Die Hefe in ½ Tasse lauwarmem Wasser mit dem Zucker verrühren. An einem warmen Ort mit einem Küchentuch bedeckt 10 Minuten gehen lassen.
In einer großen Schüssel 1 Tasse lauwarmes Wasser mit 1 TL Salz verrühren. Die Hefe zugeben und alles nach und nach mit dem Mehl vermengen. Mit den Händen gut durchkneten. Falls der Teig zu trocken ist, einige EL lauwarmes Wasser zugießen und noch einmal gut durchkneten. Ist er zu feucht, etwas Mehl beifügen. An einem warmen Ort zugedeckt zwei Stunden gehen lassen.
Den Teig herausnehmen, nochmals durchkneten und zugedeckt 30 Minuten gehen lassen.
Den Teig wieder herausnehmen und in 15 gleich große Stücke teilen. Die Teigballen auf einer mit Mehl bestäubten Arbeitsfläche zu dünnen runden Fladen ausrollen. Auf einem mit Backpapier ausgelegten Blech jeden Fladen einzeln in den vorgeheizten Ofen schieben (Mittelschiene) und bei 200° 3 Minuten backen.
Die fertigen Brote in ein sauberes Küchentuch wickeln und 10 Minuten ruhen lassen – so werden sie beim Abkühlen nicht trocken.

Süßes Fladenbrot
Kukah

3 Stunden Vorbereitungs- und Kochzeit
für 3 Stück

800 g Weizenmehl
1 Würfel frische Hefe
100 ml Milch
1 EL Zucker
150 g Butter
3 Eier

zum Bestreichen:
1 Eigelb
3 EL Milch

◆ Die Hefe in der lauwarmen Milch mit 1 TL Zucker verrühren. An einem warmen Ort zugedeckt 10 Minuten gehen lassen.
700 g Mehl mit Hefe und zerlassener Butter in eine große Schüssel geben. Eier, restlichen Zucker und 1 TL Salz verrühren und hinzufügen. Alles langsam vermengen und mit den Händen gut durchkneten. Falls der Teig zu trocken ist, einige EL lauwarmes Wasser zugießen und noch einmal durchkneten. Ist er zu feucht, etwas Mehl beifügen. An einem warmen Ort mit einem Küchentuch bedeckt zwei Stunden gehen lassen.
Den Teig herausnehmen und in drei Stücke teilen. Die Teigballen auf einer mit Mehl bestäubten Arbeitsfläche tellerförmig ausrollen. Mit einem Küchentuch bedeckt weitere 30 Minuten gehen lassen.
Eigelb und Milch verrühren und mit einem Pinsel auf die Oberfläche der Teigfladen streichen. Auf einem mit Backpapier ausgelegten Blech in den vorgeheizten Ofen schieben (Mittelschiene) und bei 200° 10 bis 12 Minuten goldbraun backen.

Fladenbrot aus Roggenmehl
Gerdeh-e-Roghani

3 Stunden Vorbereitungs- und Kochzeit
für 3 Stück

700 g Roggenmehl
5 schwarze, weiche Datteln
1 Würfel frische Hefe
100 g Butter
4 EL Sesam

◆ Die Datteln schälen und entkernen. Die Hefe in ½ Tasse lauwarmem Wasser verrühren und die Datteln zugeben. An einem warmen Ort zugedeckt 10 Minuten gehen lassen.
In einer großen Schüssel das Mehl mit Dattel-Hefe, 50 g weicher Butter und 1 TL Salz langsam vermengen. Mit den Händen gut durchkneten. Falls nötig, einige EL lauwarmes Wasser zugießen, um den Teig geschmeidig zu machen. An einem warmen Ort zugedeckt zwei Stunden gehen lassen.
Den Teig herausnehmen und in drei Stücke teilen. Die Teigballen auf einer Arbeitsfläche tellerförmig ausrollen. Mit einem Küchentuch bedeckt erneut 30 Minuten gehen lassen.
Die Oberfläche der Teigfladen mit zerlassener Butter bestreichen, mit den Fingerkuppen Muster eindrücken und mit Sesam bestreuen. Auf einem mit Backpapier ausgelegten Blech in den vorgeheizten Ofen schieben (Mittelschiene) und bei 240° 12 bis 15 Minuten hellbraun backen.
Herausnehmen und nochmals mit zerlassener Butter bestreichen.

Joghurt-Variationen
Borani

Borani ist eine leichte, aromatische, meist vegetarische Vorspeise auf der Basis von Mastechekide, einer säuerlichen Joghurt-Variante, die man in einem Baumwolltuch mindestens einen Tag abtropfen lässt. Sie wird auch als Beilage zu Hauptgerichten und als Salat-Dressing gereicht und eignet sich hervorragend zu Fondues. Da Mastechekide selbst in persischen Feinkostgeschäften selten erhältlich ist, empfehle ich ersatzweise türkischen Joghurt (Süzme Yogurt) mit 10 Prozent Fett zu verwenden.

Für den Borani wird der Mastechekide je nach Gusto mit Kräutern, Knoblauch, frischem oder gekochtem Gemüse, frischem oder getrocknetem Obst oder Hülsenfrüchten kombiniert. Nach der Zubereitung sollte man ihn – wenn im Rezept nicht anders vermerkt – zur Intensivierung des Geschmacks einige Stunden oder sogar einen Tag im Kühlschrank ziehen lassen. Der meistgegessene Borani, der sich auf fast jedem Sofreh befindet, ist der Mast-e-Khiar, der vor der islamischen Revolution zum Aperitif gern mit Wodka kombiniert wurde – und von vielen Exil-Iranern immer noch wird.

Joghurt mit Salatgurke
Mast-e-Khiar

für 4 Personen

375 g Joghurt
1 Salatgurke
1 EL frische oder 1 TL getrocknete Pfefferminze
2 Knoblauchzehen

◆ Die Gurke schälen und in kleine Würfel schneiden, die Minze fein hacken.
In einer Salatschüssel den Joghurt anrühren, Gurke, Minze und zerdrückten Knoblauch untermischen. Nach Geschmack salzen und pfeffern. Eine Stunde kalt stellen.

Joghurt mit Salatgurke, Walnüssen und Rosinen
Mast-e-Khiar ba Gerdu

für 4 Personen

375 g Joghurt
1 Salatgurke
1 EL frische oder 1 TL getrocknete Pfefferminze
50 g Rosinen
50 g gehackte Walnüsse
zum Garnieren: 2 EL getrocknete Rosenblätter

◆ Die Gurke schälen und in kleine Würfel schneiden, die Minze fein hacken. Die Rosinen waschen und in einem Küchentuch abtrocknen. In einer Salatschüssel den Joghurt anrühren, alle Zutaten untermischen. Nach Geschmack salzen und pfeffern. Mit den Rosenblättern garnieren und eine Stunde kalt stellen.

Auberginen-Joghurt
Borani-e-Bademdschan

für 4 Personen

375 g Joghurt
2 Auberginen
3 EL Öl
1 gehackte Zwiebel
2 Knoblauchzehen
1 TL getrocknete Pfefferminze

◆ Die Auberginen waschen, trockentupfen und mit einer Gabel an mehreren Stellen anstechen. In einer offenen feuerfesten Auflaufform in den auf 220° vorgeheizten Ofen schieben und etwa 30 Minuten garen. Die Auberginen müssen so weich sein, dass man ihnen, wenn sie abgekühlt sind, leicht die Haut abziehen und den Strunk entfernen kann. Anschließend so klein wie möglich schneiden und mit einer Gabel pürieren. Wer es fetter mag, kann die Auberginen auch schälen, klein schneiden und in Öl braten.
Währenddessen 2 EL Öl schwach erhitzen und die Zwiebel darin goldbraun braten. Zerdrückten Knoblauch zugeben und kurz erhitzen.
In einer Salatschüssel den Joghurt anrühren, Auberginen, Zwiebel und Knoblauch untermischen. Mit Pfeffer und Salz abschmecken und mit der im restlichen Öl sanft erhitzten Minze garnieren – Vorsicht: sie brennt schnell an und wird dann bitter.

Spinat-Joghurt
Borani-e-Esfenadsch

für 4 Personen

375 g Joghurt
500 g Spinat
1 Knoblauchzehe
1 EL gemahlene Walnüsse
½ TL Safran

◆ Den Spinat waschen, in einen Topf mit 200 ml kochendem Salzwasser geben und bei starker Hitze zugedeckt 5 Minuten kochen. In einem Sieb abtropfen lassen und klein schneiden.
In einer Salatschüssel den Joghurt anrühren, mit Pfeffer und Salz abschmecken. 2 EL der Mischung zum Garnieren zur Seite stellen. Spinat und zerdrückten Knoblauch untermischen.
Mit Nüssen bestreuen, die zur Seite gestellte Mischung in die Mitte geben. Den in 1 EL heißem Wasser aufgelösten Safran darüber geben.

Bleichsellerie-Joghurt
Borani-e-Karafs

für 4 Personen

375 g Joghurt
1 Stange Bleichsellerie
1 EL gemahlene Walnüsse
1 TL getrocknete Pfefferminze
1 EL Öl

◆ Die knackigen gelben Stängel des Selleries waschen, abtrocknen und in 5 mm breite Ringe schneiden.
In einer Salatschüssel den Joghurt anrühren, mit Pfeffer und Salz abschmecken. 2 EL der Mischung zum Garnieren zur Seite stellen. Den Sellerie untermischen.
Mit Nüssen bestreuen, die zur Seite gestellte Mischung in die Mitte geben. Die Minze kurz in Öl erhitzen und darüber geben.

Rote-Bete-Joghurt
Borani-e-Labu

für 4 Personen

375 g Joghurt
500 g rote Bete
1 EL frische oder 1 TL getrocknete Pfefferminze

◆ Die roten Bete in Salzwasser bei schwacher Hitze zugedeckt etwa eine Stunde weich kochen. Erkalten lassen, schälen und in Würfel schneiden. Die Minze fein hacken.

In einer Salatschüssel den Joghurt anrühren, mit Pfeffer und Salz abschmecken. 2 EL der Mischung zum Garnieren zur Seite stellen. Die roten Bete auf den Joghurt türmen, die zur Seite gestellte Mischung darauf geben und mit Minze bestreuen.

Gemüsehändler auf dem Markt in Isfahan. Die persische Küche ist sehr vegetarisch geprägt.

Traditioneller Gemischtwarenladen in Teheran. Vor allem das Angebot an eingelegtem Gemüse ist vielfältig.

Im Kirman-Gebirge. Die Wüstenlandschaften im zentraliranischen Hochland machen zwei Drittel der gesamten Landesfläche aus.

Relief in der Apadana von Persepolis: Die unterjochten Lyder bringen dem persischen König Kyros (ab 559 v. Chr.) ihre Abgaben, darunter Speisen.

Salate
Salad

Auberginen-Salat
Nazkhatun

für 4 Personen

2 Auberginen
3 Tomaten
1 EL Öl
1 gehackte Zwiebel
2 Knoblauchzehen
1 TL Zitronensaft
1 Tasse frisch gepresster Granatapfelsaft oder 1½ TL Granatapfel-Konzentrat
1 TL Weißweinessig
1 TL Pfefferminze

Man kann Nazkhatun warm oder kalt essen. Kalt schmeckt er besonders gut an heißen Tagen. Mit seiner süßsauren, fruchtigen Geschmacksnote passt dieser Salat ausgezeichnet zu Grillgerichten (Kabab) und Reis (Tschello).

◆ Die Auberginen waschen, trockentupfen und mit einer Gabel an mehreren Stellen anstechen. In einer offenen feuerfesten Auflaufform in den auf 220° vorgeheizten Ofen schieben und etwa 30 Minuten garen. Die Auberginen müssen so weich sein, dass man ihnen, wenn sie abgekühlt sind, leicht die Haut abziehen und den Strunk entfernen kann. Anschließend klein schneiden. Die Tomaten kurz in heißem Wasser abschrecken, häuten und so klein wie möglich schneiden.
In einer tiefen Pfanne Öl erhitzen und die Zwiebel darin goldbraun braten. Den zerdrückten Knoblauch darüber geben und kurz erhitzen. Auberginen und Tomaten in die Pfanne geben, mit Zitronen- und Granatapfelsaft, Essig, Minze, Pfeffer und Salz bei schwacher Hitze 15 Minuten dünsten. Nochmals abschmecken.

Tomaten-Gurken-Salat
Salad Shirazi

für 4 Personen

1 Salatgurke
2 feste rote Tomaten
100 g schwarze oder grüne Oliven ohne Kern
1 fein gehackte Zwiebel
2 EL Zitronensaft
2 EL Pflanzenöl

Der Salat wird erst kurz vor dem Essen zubereitet, da er sonst zu viel Wasser zieht.

◆ Die Gurke schälen und in kleine Würfel schneiden, die Tomaten ebenfalls fein würfeln. In einer Salatschüssel alle Zutaten miteinander vermischen, mit Pfeffer und Salz abschmecken.

Kartoffel-Hähnchen-Salat
Salad Oliwieh

für 6-8 Personen

500 g Salatkartoffeln
3 Hähnchenbrüste oder
½ Hähnchen
4 kleine Möhren
1 kleine Zwiebel
5 Eier
100 g frische grüne Erbsen
100 g Cornichons
400 g Salatmayonnaise
1 Zitrone (Saft)
Pfeffer und Salz

zum Garnieren:
100 g Salatmayonnaise
1 Tomate
5 Radieschen
1 hart gekochtes Ei
1 Cornichon
10 schwarze Oliven

Dieser Salat stammt eigentlich aus Russland. Sein Rezept hat sich im Iran aber eigenständig weiterentwickelt und er erfreut sich großer Beliebtheit.

◆ Die Hähnchenbrüste mit Pfeffer und Salz einreiben. Die Möhren schälen, die Zwiebel halbieren.
In einem Topf Hähnchenbrüste, Möhren, Zwiebel und 1 Tasse Wasser zum Kochen bringen und bei schwacher Hitze 30 Minuten kochen.
Währenddessen die Kartoffeln kochen, die Eier hart kochen und die Erbsen blanchieren. Die Kartoffeln schälen. Mit Eiern und Cornichons entweder in kleine Würfel schneiden oder grob reiben.
Das Hühnerfleisch abkühlen lassen und würfeln. Die Möhren klein schneiden.
In einer großen Salatschüssel alle Zutaten miteinander vermischen, bis der Salat sämig wird. Abschmecken, gegebenenfalls nachwürzen.
Die Salatmasse auf einem großen, ovalen Servierteller verteilen und mit einem Löffel glatt streichen. Auf der Oberfläche die Mayonnaise dünn verstreichen und fantasievoll mit den restlichen Zutaten garnieren: Die Tomate kann man zum Beispiel an einem Stück rund abschälen, etwa 5 mm breit, so dass sie sich mit längs geschnittenen Cornichon-Scheiben zu einer Rose arrangieren lässt.
Nou che dschan – guten Appetit!

Omeletts und Gratins
Kuku

Speisen auf Eier-Basis sind im Mittleren Orient sehr beliebt. Besonders populär – ganz gleich, ob als Vorspeise, Beilage oder schnell zubereitete Mahlzeit mit Brot und Sabsi Khordan – ist Kuku, eine Art Omelett, das Ähnlichkeit mit dem französischen Gratin hat. Denn man kann Kuku auch im Backofen herstellen. Früher wurde es in einem Eisentopf zubereitet, dessen Deckel mit glühenden Kohlen bedeckt wurde, um Oberhitze zu erzeugen.

Im Folgenden nenne ich nur die bekanntesten Rezepte. Denn wie so oft in der persischen Küche kann man seiner Kochfantasie – ausgehend von den Grundrezepten – freien Lauf lassen und die Zutaten nach Gusto variieren. Beispielsweise war früher die Kombination mit frischem Obst besonders beliebt.

Kräuter-Gratin
Kuku-e-Sabsi

für 4 Personen

1 Bund Petersilie
1 Bund Dill
2 Bund Schnittlauch
½ Bund Koriander
4 Eier
1 TL Mehl
1 TL Backpulver
¼ TL Kurkuma
Pfeffer und Salz
4 EL Öl

◆ Die Kräuter mit dem Messer fein schneiden. In einer Schüssel die Eier mit einer Gabel verrühren. Kräuter, Mehl, Backpulver und Gewürze untermischen. Alles in eine mit 2 EL Öl eingefettete Auflaufform geben, mit dem restlichen Öl beträufeln und im vorgeheizten Ofen bei 200° 35 Minuten backen.
Warm oder kalt servieren, in der Auflaufform oder in Stücke geschnitten auf einem Teller.

Variante:
Man kann den Kuku-e-Sabsi auch in einer geschlossenen Pfanne in Öl zubereiten, die ersten 5 Minuten bei starker, dann 10 Minuten bei mittlerer Hitze. Nach dem Umdrehen muss man erneut Öl in die Pfanne geben und das Gratin bei mittlerer Hitze ohne Deckel 10 Minuten zu Ende braten. Nachteil ist, dass mehr Öl gebraucht und der Kuku fetthaltiger wird.

Kartoffelpuffer
Kuku-e-Sib
Zamini porteh

für 4 Personen

500 g Pellkartoffeln
4 Eier
1 TL Backpulver
Öl

◆ Die Pellkartoffeln schälen und pürieren. In einer Schüssel die Eier mit Backpulver, Pfeffer und Salz verrühren, die Kartoffeln untermischen.
In einer Pfanne Öl erhitzen und den Teig löffelweise von beiden Seiten darin goldbraun braten.
Beilagen: Schafskäse, Fladenbrot und frische Kräuter

Reibekuchen
Kuku-e-Sib Zamini

für 4 Personen

500 g Kartoffeln
4 Eier
1 Zwiebel
1 EL Mehl
1 TL Backpulver
Öl

◆ Die Kartoffeln schälen und grob reiben. In einer Schüssel die Eier verrühren, geriebene Zwiebel, Mehl, Backpulver, Pfeffer und Kartoffeln untermischen.
In einer Pfanne reichlich Öl erhitzen und die Masse löffelweise bei starker Hitze von beiden Seiten darin goldbraun braten.

Auberginen-Gratin
Kuku-e-Bademdschan

für 4 Personen

4 Auberginen
Öl
2 gehackte Zwiebeln
2 Knoblauchzehen
4 Eier

◆ 30 Minuten vor dem Braten die Auberginen schälen, längs in vier Scheiben schneiden, salzen und in einem Sieb abtropfen lassen – das Salz entzieht Flüssigkeit und neutralisiert so den bitteren Geschmack, zudem benötigt man beim Braten weniger Öl. Die Auberginenscheiben waschen und trockentupfen.
In einer Pfanne Öl erhitzen und die Auberginen darin goldbraun braten. Die Scheiben in eine Schüssel geben und im verbliebenen Öl die Zwiebeln goldbraun braten. Zerdrückten Knoblauch hinzufügen und kurz erhitzen. Alles zu den Auberginen in die Schüssel geben und mit einer Gabel vermengen.
In einer Schüssel die Eier mit Pfeffer und Salz verrühren, die Auberginenmasse beifügen, abschmecken und in eine geölte feuerfeste Form geben. Im vorgeheizten Ofen bei 180° 45 Minuten backen.

Fleischgratin
Kuku-e-Guscht

für 4 Personen

400 g Hackfleisch vom Rind
Öl
2 gehackte Zwiebeln
4 Eier
1 Bund Petersilie
1 Bund Schnittlauch
⅓ TL Kurkuma
Pfeffer und Salz

◆ In einer Pfanne 2 EL Öl erhitzen und die Zwiebeln darin goldbraun braten. Das Hackfleisch zugeben und bei starker Hitze 7 Minuten braten.
In einer Schüssel die Eier verrühren, Petersilie und Schnittlauch klein schneiden und mit den Gewürzen beimischen. Das Hackfleisch unterrühren und alles in eine geölte feuerfeste Form geben. Im vorgeheizten Ofen bei 180° 30 Minuten backen.

Variante:
Man kann den Kuku-e-Guscht aber auch in der Pfanne esslöffelweise braten, dann ähnelt er den deutschen Fleischfrikadellen.

Apfel-Omelett
Kuku-e-Sib

Genauso wie Pfannkuchen lieben die Kinder Kuku-e-Sib zum Frühstück oder zum Nachmittagskaffee, dem französischen Goûter.

für 4 Personen

4 saure Äpfel
¼ TL Safran
½ TL geriebene Muskatnuss
1 EL Zucker
4 Eier
Öl

◆ Die Äpfel schälen, entkernen und in eine Schüssel reiben. Den in 1 EL heißem Wasser aufgelösten Safran mit Muskat und Zucker untermischen. Die mit ½ TL Salz verrührten Eier mit einer Gabel unterheben.
In einer Pfanne Öl erhitzen und die Masse esslöffelweise von beiden Seiten darin goldbraun braten.

Frikadellen mit Bohnen
Kuku-e-Baghala

am Vortag beginnen
für 4 Personen

200 g getrocknete
dicke Bohnen
4 Eier
½ TL Kurkuma
¼ TL gemahlener Zimt
¼ TL süßer Curry
Pfeffer und Salz
1 Zwiebel
Öl

◆ Die Bohnen über Nacht in lauwarmem Wasser einweichen.
Am nächsten Tag in einer Schüssel die Eier mit den Gewürzen verrühren. Die Bohnen mit der Zwiebel im Mixer zerkleinern und untermischen.
In einer Pfanne Öl erhitzen und die Masse wie Frikadellen darin goldbraun braten.
Beilagen: Joghurt-Variationen, Fladenbrot und frische Kräuter

Walnussgratin
Kuku-e-Gerdu

für 4 Personen

200 g gehackte Walnüsse
4 Eier
¼ TL Safran
50 g frische Pfefferminze
50 g gehackte Petersilie
1 gehackte kleine Zwiebel
1 TL Mehl
Pfeffer und Salz
Öl

◆ In einer Schüssel die Eier verrühren. Den in 1 EL heißem Wasser aufgelösten Safran mit den übrigen Zutaten unter die Eier ziehen.
In einer Pfanne Öl erhitzen, die Eimasse hineingeben und mit einem Deckel verschließen. Die ersten 5 Minuten bei starker, dann 10 Minuten bei mittlerer Hitze braten. Nach dem Umdrehen erneut Öl in die Pfanne geben und den Kuku bei mittlerer Hitze ohne Deckel 10 Minuten zu Ende braten.

Variante:
Man kann diesen Kuku auch wie Frikadellen esslöffelweise in einer Pfanne braten.

Suppen
Aasch

Die gehaltvollen, oft vegetarischen Aasch-Suppen trifft man im Iran in großer Vielfalt. Da sie auf der Basis von Hülsenfrüchten, Nudeln oder Reis zubereitet werden, sind sie sehr nahrhaft. Welche Bedeutung ihnen zukommt, zeigt das Wort »Köchin«, das auf Persisch Aaschpaz heißt (»Küche« heißt dementsprechend Aaschpazkhaneh). Historiker vermuten, dass Aasch früher das Wort für alle gekochten Gerichte war. Gerichte mit mehr Flüssigkeit nannte man früher Aasch-e-Ba oder Aasch-e-Scholeh. Davon zeugen noch heute die Suppennamen Schurba und Aasch-e-Scholeghalamkar.

Mit dem Aasch-e-Scholeghalamkar, der Bettler-Suppe, verbindet sich eine besondere Tradition. Damit ein bestimmter Wunsch in Erfüllung gehe, stellte man früher einen Eisentopf an den Straßenrand, um Geld für die Zubereitung der Suppe zu sammeln. Noch heute ruft derjenige, dem ein wichtiger Wunsch am Herzen liegt, seine Freunde und Verwandten zusammen und bittet jeden, eine Zutat beizusteuern. Das Betteln erscheint als symbolische Geste der Demut gegenüber dem Schicksal.

Die stets in großen Mengen zubereiteten Aasch-Suppen stehen aber nicht nur in Verbindung mit der Tradition der Armenspeisung. Sie sind auch ein Symbol für den Zusammenhalt von Familie und Nachbarschaft. Anlässe für das Kochen eines Aasch-Gerichts können die Erkrankung oder die weite Reise eines Familienmitglieds sein, ein schlechter Traum oder eine wichtige Prüfung. Mit einem Wort: Das gemeinsame Essen eines Aasch-e-Nasri (Aasch-e-Reschteh) im Familienkreis und seine Verteilung an Nachbarn und Bedürftige soll positiv stimmen und Ängste und Sorgen vertreiben.

Der Kochfantasie sind dabei keine Grenzen gesetzt. Jede Köchin kann sich auf die Suche nach ihrer ganz persönlichen Aasch-Geschmacksvariante begeben.

Für den Fall, dass keine frischen Kräuter erhältlich sind, kann man sie übrigens durch die getrocknete Aasch-Kräutermischung ersetzen, die es in persischen Geschäften fertig zu kaufen gibt. Für sechs Personen sind ungefähr 70 g nötig, die man eine Stunde vor der Zubereitung in 200 ml lauwarmem Wasser einweichen muss.

Als Beilagen reicht man Fladenbrot, frische Kräuter, Schafskäse und Frikadellen.

Granatapfelsuppe
Aasch-e-Anar

für 6 Personen

- 300 ml Granatapfelsaft oder 70 ml Granatapfel-Konzentrat
- 300 g Hackfleisch von Lamm oder Rind
- 4 gehackte Zwiebeln
- 4 EL Öl
- 1 TL Kurkuma
- 50 g gelbe Trockenerbsen
- 100 g Reis
- 100 g Spinat
- 1 Bund Koriander
- ½ Bund Petersilie
- ½ Bund Pfefferminze
- 1 Lauchzwiebel
- 1 Zitrone (Saft)
- 30 g Zucker

zum Garnieren:

- 4 gehackte Knoblauchzehen
- 1 TL getrocknete Pfefferminze

◆ Das Fleisch mit zwei Zwiebeln, Pfeffer und Salz in eine Schüssel geben, mit den Händen durchkneten und zu walnussgroßen Klößchen formen.

In einem Topf 3 EL Öl erhitzen und die restlichen Zwiebeln mit Kurkuma darin goldbraun braten. Mit 1½ l Wasser ablöschen und die Erbsen bei mittlerer Hitze 20 Minuten darin kochen.

Den Reis zugeben und weitere 15 Minuten kochen, dabei gelegentlich umrühren, damit nichts ansetzt.

Spinat, Kräuter und Lauchzwiebel waschen, klein hacken und in den Topf geben. Bei mittlerer Hitze unter gelegentlichem Rühren erneut 20 Minuten kochen.

Granatapfel- und Zitronensaft, Zucker und Fleischklößchen beifügen und nochmals 20 Minuten kochen. Mit Pfeffer und Salz abschmecken, falls nötig, etwas Wasser zugießen.

Zum Garnieren in einer Pfanne 1 EL Öl erhitzen und den Knoblauch darin anbraten. Vom Herd nehmen. Die Minze in der noch heißen Pfanne mit dem Knoblauch verrühren und über die Suppe streuen. In der Terrine oder auf Tellern servieren.

Nudelsuppe
Aasch-e-Reschteh

am Vortag beginnen
3 Stunden Vorbereitungs- und Kochzeit
für 6 Personen

350 g Reschteh (persische Suppennudeln)
100 g weiße Bohnen
50 g rote Bohnen
100 g Kichererbsen
100 g Linsen
50 g Spinat
2 Bund Schnittlauch
1 Bund Petersilie
1 Bund Koriander
250 ml Kaschk (Trockenjoghurt)
2 EL Essig

zum Garnieren:
3 EL Öl
3 gehackte Zwiebeln
4 gehackte Knoblauchzehen
300 g Hackfleisch vom Rind
1 TL getrocknete Pfefferminze

◆ Die Hülsenfrüchte über Nacht zum Einweichen in lauwarmes Wasser legen.
Am nächsten Tag in einen großen Topf geben und 5 cm hoch mit Wasser bedecken. Zum Kochen bringen und bei mittlerer Hitze zugedeckt anderthalb Stunden köcheln.
Spinat und Kräuter waschen, klein schneiden und zugeben. Weitere 10 Minuten köcheln.
Die Reschteh und die Hälfte des Trockenjoghurts hinzugeben, mit Essig, Pfeffer und Salz abschmecken. Alles erneut 30 Minuten köcheln, dabei gelegentlich umrühren, damit nichts ansetzt.
Währenddessen in einer Pfanne Öl erhitzen, Zwiebeln und Knoblauch darin goldbraun braten. Das Hackfleisch mit Kurkuma, Pfeffer und Salz hinzugeben und bei starker Hitze 5 Minuten anbraten. Die Minze darüber streuen und bei schwacher Hitze zugedeckt 10 Minuten garen.
Die Suppe in einer Terrine servieren – so kann jeder selbst entscheiden, ob er sie vegetarisch oder mit Fleisch essen möchte. Im Teller wird die Suppe mit 2 EL Trockenjoghurt, der zuvor mit 50 ml heißem Wasser verdünnt wurde, und, sofern gewünscht, mit dem Hackfleisch garniert.

Variante:
Wird statt der frischen Kräuter eine Aasch-Trockenkräutermischung verwendet, diese mit den Hülsenfrüchten in den Topf geben.

◆ Die Hülsenfrüchte über Nacht zum Einweichen in lauwarmes Wasser legen.
Am nächsten Tag das Fleisch in gulaschgroße Würfel schneiden. In einem Topf 2 EL Öl erhitzen und das Fleisch mit den Zwiebeln darin kurz anbraten. Hülsenfrüchte, Kurkuma, Pfeffer, Salz und 2 l Wasser hinzugeben. Alles zum Kochen bringen und bei schwacher Hitze zwei Stunden köcheln.
Den Reis hinzugeben und unter gelegentlichem Rühren weitere 20 Minuten köcheln.
Spinat und Kräuter waschen, klein schneiden, in den Topf geben und weitere 20 Minuten köcheln.
Die Knochen entfernen. Mit Pfeffer und Salz abschmecken, falls nötig, etwas Wasser zugießen – die Suppe muss sämig sein.
Zum Garnieren in einer Pfanne 2 EL Öl erhitzen und die Zwiebeln darin goldbraun braten. Vom Herd nehmen. Die Minze in der noch heißen Pfanne mit den Zwiebeln verrühren und über die Suppe streuen.

Variante:
Wird statt der frischen Kräuter eine Aasch-Trockenkräutermischung verwendet, diese mit den Hülsenfrüchten in den Topf geben.

Bettler-Suppe
Aasch-e-Scholeghalamkar

am Vortag beginnen
3 Stunden Vorbereitungs- und Kochzeit
für 8 Personen

700 g Lamm- oder Kalbfleisch (Nacken)
100 g Kichererbsen
100 g weiße Bohnen
100 g rote Bohnen
100 g Linsen
100 g geschälte Sojabohnen
4 EL Öl
2 gehackte Zwiebeln
1 TL Kurkuma
100 g Milchreis
100 g Spinat
1 Bund Schnittlauch
1 Bund Petersilie
1 Bund Koriander
1 Bund Dill

zum Garnieren:
2 gehackte Zwiebeln
1 TL getrocknete Pfefferminze

Joghurtsuppe
Aasch-e-Dugh

für 4 Personen

750 g Joghurt
50 g Mehl
2 Eier
½ Kopf Salat
1 Bund Schnittlauch
½ Bund Petersilie
½ Bund Pfefferminze
1 Bund Koriander
50 g Estragon
100 g eingeweichter Reis

◆ In einem Topf den Joghurt mit dem Schneebesen cremig schlagen. In einer kleinen Schüssel das Mehl mit 100 ml kaltem Wasser auflösen und unter den Joghurt rühren. Die Eier und 2 EL Joghurtmasse mit einer Gabel schlagen, ebenfalls unterrühren. Salat und Kräuter klein schneiden, mit Reis, 200 ml Wasser, Pfeffer und Salz unter die Joghurtmasse mischen.

Den Topf bei kleinstmöglicher Hitze auf den Herd stellen. Unter ständigem Rühren zum Kochen bringen und ohne Deckel eine Stunde köcheln, dabei gelegentlich umrühren.

Abschmecken und mit frisch gemahlenem Pfeffer garnieren.

Kürbissuppe
Aasch-e-Kadu

für 4 Personen

1 kg Kürbis
2 EL Öl
1 gehackte Zwiebel
2 Knoblauchzehen
100 g eingeweichter Reis
1 EL Essig
125 g Sahne
1 TL gemahlener Zimt
1 TL Zucker

◆ Den Kürbis schälen und in Würfel schneiden. In einem Topf Öl erhitzen, Zwiebel, zerdrückten Knoblauch, Kürbis, Pfeffer und Salz darin kurz anbraten. Reis, Essig und 1 l Wasser hinzugeben. Alles zum Kochen bringen und bei schwacher Hitze eine Stunde köcheln.

Pürieren, mit Sahne, Pfeffer und Salz abschmecken.

Mit Zimt und Zucker garnieren.

Obstsuppe
Aasch-e-Miweh

2-3 Stunden Vorbereitungs- und Kochzeit
für 6 Personen

250 g Hackfleisch vom Rind
3 gehackte Zwiebeln
4 EL Öl
100 g gelbe getrocknete Erbsen
50 g Reis
100 g getrocknete Pflaumen
100 g getrocknete Aprikosen
30 g gemahlene Walnüsse
½ Bund Schnittlauch
1 Bund Petersilie
3 Zweige Pfefferminze
1 EL Zucker
4 EL Essig
⅓ TL gemahlener Zimt

zum Garnieren:
3 gehackte Knoblauchzehen
1 TL getrocknete Pfefferminze

◆ Das Fleisch mit einer Zwiebel, Pfeffer und Salz in eine Schüssel geben, mit den Händen durchkneten und zu walnussgroßen Klößchen formen.
In einen Topf 2 EL Öl erhitzen und restliche Zwiebeln mit Pfeffer und Salz darin goldbraun braten. Mit 1½ l Wasser ablöschen und die Erbsen bei mittlerer Hitze 25 Minuten darin köcheln.
Den Reis hinzugeben und weitere 25 Minuten köcheln, dabei gelegentlich umrühren, damit nichts ansetzt.
Pflaumen, Aprikosen, Fleischklößchen und Nüsse hinzufügen und alles erneut 20 Minuten köcheln.
Die gehackten Kräuter in den Topf geben und alles bei mittlerer Hitze zugedeckt weitere 45 Minuten köcheln.
Zucker, Essig und Zimt hinzugeben, mit Pfeffer und Salz abschmecken, nochmals 10 Minuten köcheln.
Zum Garnieren in einer Pfanne 2 EL Öl erhitzen und den Knoblauch darin anbraten. Vom Herd nehmen. Die Minze in der noch heißen Pfanne mit dem Knoblauch verrühren und über die Suppe streuen. In der Terrine oder auf Tellern servieren.

Gerstensuppe
Aasch-e-Dscho

3 Stunden Vorbereitungs- und Kochzeit
für 6 Personen

150 g geschälte Gerste
50 g rote Bohnen
50 g Kichererbsen
50 g Linsen
250 g Lamm- oder Rindfleisch
4 EL Öl
2 gehackte Zwiebeln
1 TL Kurkuma
30 g Reis
100 g Spinat
1 Bund Petersilie
½ Bund Koriander
½ Bund Dill
250 ml Kaschk (Trockenjoghurt)

zum Garnieren:
4 gehackte Knoblauchzehen
1 TL getrocknete Pfefferminze

◆ Die Hülsenfrüchte eine Stunde zum Einweichen in lauwarmes Wasser legen.
Das Fleisch in gulaschgroße Würfel schneiden. In einem Topf 2 EL Öl erhitzen und das Fleisch mit den Zwiebeln darin kurz anbraten. Hülsenfrüchte, Kurkuma, Pfeffer, Salz und 2 l Wasser hinzugeben. Alles zum Kochen bringen und bei schwacher Hitze eine Stunde köcheln.
Reis und Gerste zugeben und unter gelegentlichem Rühren weitere 30 Minuten köcheln.
Spinat und Kräuter waschen, klein schneiden und in den Topf geben. Erneut 20 Minuten köcheln.
Mit Trockenjoghurt, Pfeffer und Salz abschmecken, falls nötig, etwas Wasser zugießen. Unter ständigem Rühren nochmals 5 Minuten köcheln.
Zum Garnieren in einer Pfanne 2 EL Öl erhitzen und den Knoblauch darin goldbraun braten. Vom Herd nehmen. Die Minze in der noch heißen Pfanne mit dem Knoblauch verrühren und über die Suppe streuen.

Gekochte Hülsenfrüchte
Danduni

am Vortag beginnen
2 Stunden Vorbereitungs- und Kochzeit
für 6 Personen

100 g weiße Bohnen
100 g Kichererbsen
100 g dicke Bohnen
150 g geschälter Weizen
1 l selbst gemachte Brühe (Fleisch nach Geschmack)
6 EL Olivenöl
3 EL Zitronensaft
1 TL frisch gemahlener Engelwurz

Oft halten sich kulinarische Traditionen in der Provinz länger als in den großen Städten. Zu den fast vergessenen Festen gehört Dandanfeschan, an dem der Durchbruch des ersten Milchzahns gefeiert wird. Zu Ehren des Babys kocht man an diesem Tag Danduni, ein Gericht aus Hülsenfrüchten.
Wie bei jedem Fest spielt die Symbolik an Dandanfeschan eine wichtige Rolle. Man arrangiert auf dem Sofreh (der persischen Festtagsdecke) eine Schere, ein Buch, einen Spiegel, eine angezündete Kerze sowie Weizenkeimlinge (Sabse) und eine Schüssel Danduni. Dann wird das Baby mitten auf den Sofreh gesetzt. Der erste Gegenstand, den es mit der Hand berührt, gibt Aufschluss über seinen zukünftigen Beruf: ob Schneider, Schriftsteller, Geistlicher, Bauer oder Koch. Dann wird gefeiert und gegessen und Danduni an die Nachbarn verteilt. Das soll dem Baby den Zahnschmerz nehmen und ihm Glück bringen.
Mein Sohn und meine Tochter haben an Dandanfeschan beide die Schüssel mit Danduni ausgesucht. Deshalb habe ich zwei Gourmets zu Hause.

◆ Die Hülsenfrüchte über Nacht zum Einweichen in lauwarmes Wasser legen.
Am nächsten Tag in einen Topf geben und 2 cm hoch mit Wasser bedecken. Zum Kochen bringen und bei mittlerer Hitze zugedeckt etwa eine Stunde köcheln.
Die Brühe zugießen und eine weitere Stunde köcheln.
Mit Pfeffer und Salz abschmecken. Olivenöl und Zitronensaft verrühren, über den Danduni gießen. Mit Engelwurz bestreuen.

Grillgerichte
Kabab

Wenn bei Urgroßmutter gegrillt wurde, war es für uns Kinder am aufregendsten. Denn sie schickte uns mit dem Taschenmesser in die Bäume. Der ideale Spieß, betonte sie, sei der Ast des Granatapfelbaums, der dem Fleisch eine zusätzliche Geschmacksnote verleihe. Die Rinde schälten wir vorsichtig herunter. So konnte Urgroßmutter das dünn geschnittene Fleisch, das einen Tag zuvor in Marinade eingelegt worden war, behutsam aufspießen.

Das Fleisch von Hammel und Lamm war besonders beliebt. Aber wir aßen auch Fisch- und Geflügelspieße. Mein Cousin warf seine Netze im Kaspischen Meer aus, mein Vater jagte Wachteln und andere Vögel in den nahen Bergen. War das Feuer erst entzündet, versammelte sich die ganze Familie. Im Sommer grillten wir meist im Garten. Waren es Gefügelspieße, führte Papi, der Jagdhund meines Vaters, unvergessliche Freudentänze auf, als wollte er uns klarmachen, dass ohne seine Mithilfe nichts aus dem Festmahl geworden wäre.

Mit Kabab verbinden sich viele Kindheitserinnerungen: sei es das Lagerfeuer am Strand mit Freundinnen und Freunden während der Zeit des Schah-Regimes, als wir uns an Pepsi-Cola und Canada Dry berauschten, sei es das erzwungene Grillen nach der Islamischen Revolution, als es weder Öl noch Gas zu kaufen gab und der Küchenherd außer Betrieb gesetzt war.

Ein besonderes Ereignis war der 13. Tag der Neujahrsfeierlichkeiten, wenn alle das Haus verließen, um an einem Gewässer zu picknicken. Dann sah man nämlich auch einmal die Männer als Grillmeister in Aktion.

Heute wird im Iran nicht nur auf Holzkohle, sondern auch elektrisch gegrillt. Verwendet werden die flachen, etwa 2 cm breiten Spezialspieße aus Metall, die es in jedem persischen Geschäft zu kaufen gibt. Sie erleichtern es, ganz dünne Fleisch-

stücke schnell zu grillen. Denn rosa und saftig schmeckt Kabab, zumal der Hackfleischspieß, am besten.

Früher bevorzugte man für Kabab aus geschmacklichen Gründen das Fleisch eines männlichen Lamms. Heute verwendet man Lamm- oder Hammelfleisch oder – wie für den leckeren Kabab-e-Barg – Kalbfleisch. Damit es zart und saftig wird, sollte es vor dem Grillen drei bis 15 Tage abhängen.

Hackfleischspieß
Kabab-e-Kubide

für 6 Personen

500 g Hackfleisch vom Lamm
500 g Hackfleisch vom Hammel
2 große Zwiebeln
1 Ei
1 Prise Safran
60 g Butter
1 Zitrone (Saft)

◆ In einer Salatschüssel das Hackfleisch mit fein geriebenen Zwiebeln, Ei, Pfeffer und Salz gründlich verkneten. Eine Stunde in den Kühlschrank stellen.
Kurz vor dem Grillen den in 1 EL heißem Wasser aufgelösten Safran in einen kleinen Topf geben. Butter sowie Zitronensaft zugeben und erhitzen, bis die Butter geschmolzen ist. Warm stellen.
Das Hackfleisch aus dem Kühlschrank nehmen. Für jeden Spieß ein apfelgroßes Stück zu einer langen flachen Wurst formen, in Längsrichtung auf den Spieß stecken und etwa 10 cm über der Glut grillen. Damit alle Seiten gleichmäßig knusprig werden, das Hackfleisch innen saftig bleibt und nicht auseinander fällt, die Spieße häufig wenden. Kurz bevor das Fleisch gar ist, wird die Zitronen-Butter-Sauce mit einem Pinsel aufgestrichen.
Beilagen: Reis, Fladenbrot, frische Kräuter, eingelegtes Gemüse, süße Zwiebeln, gegrillte Tomaten und Sumach

Hammelspieß mit Gemüse
Chich-Kabab

12 Stunden marinieren
für 6 Personen

1200 g Hammelfilet
2 grüne Paprika
2 rote Paprika
12 kleine Tomaten
12 Schalotten oder
Frühlingszwiebeln

für die Marinade:
½ TL Safran
125 g Joghurt
1 Zwiebel
1 Zitrone (Saft)

◆ Für die Marinade in einer Salatschüssel den in 1 EL heißem Wasser aufgelösten Safran mit Joghurt, geriebener Zwiebel, Zitronensaft, Pfeffer und Salz verrühren. Das Filet in 3 mal 3 cm große und 1 cm dicke Scheiben schneiden und zwölf Stunden darin marinieren – so bleibt das Fleisch beim Grillen aromatisch, saftig und zart. Vor dem Grillen die Paprika in acht Stücke schneiden. Die Fleischstücke abwechselnd mit Tomaten, Paprika und Schalotten auf die Spieße stecken und bei starker Glut etwa 10 Minuten grillen, dabei regelmäßig wenden.

Kalbsspieß
Kabab-e-Barg

12 Stunden marinieren
für 6 Personen

1200 g Kalbsfilet
100 g Butter
2 Zitronen (Saft)

für die Marinade:
½ TL Safran
125 g Joghurt
3 Zwiebeln

◆ Für die Marinade in einer Salatschüssel den in 1 EL heißem Wasser aufgelösten Safran mit Joghurt und geriebenen Zwiebeln verrühren. Das Filet in 4 mal 4 cm große und 5 mm dünne Scheiben schneiden, in die Marinade legen und zwölf Stunden in den Kühlschrank stellen.
Eine Stunde vor dem Grillen das Fleisch aus dem Kühlschrank nehmen. Auf jeden Spieß vier bis fünf Fleischstücke flach aufstecken und mit einem Messer mehrmals anritzen. Nach Geschmack salzen und pfeffern.
Kurz vor dem Grillen in einem kleinen Topf Butter und Zitronensaft erhitzen, bis die Butter geschmolzen ist.
Die Spieße 10 cm über der Glut grillen. Etwa alle 60 Sekunden wenden und die Zitronen-Butter-Sauce mit einem Pinsel auf das Fleisch auftragen. Je nach Geschmack 7 bis 10 Minuten grillen.
Am besten schmeckt Kabab-e-Barg mit Reis, frischen Kräutern, eingelegtem Gemüse, süßen Zwiebeln und gegrillten Tomaten. Der heiße Reis wird auf separaten Tellern mit einem haselnussgroßen Stück Butter und einem rohen Eigelb serviert und mit Sumach bestreut.

Varianten:
Das Kalbfleisch durch Lamm- oder Hammelfilet ersetzen.

Süßsaurer Rinderspieß
Kabab-e-Torsch

am Vortag beginnen
für 6 Personen

1200 g Rinderfilet

für die Marinade:
50 g gemahlene Walnüsse
1 EL Granatapfel-Konzentrat
1 Zwiebel
2 Knoblauchzehen
1 EL gemahlener Kümmel

Am besten schmeckt er im Winter.

◆ Für die Marinade in einer Salatschüssel die Nüsse mit Granatapfel-Konzentrat, geriebener Zwiebel, zerdrücktem Knoblauch, Kümmel, Pfeffer und Salz vermischen. Das Fleisch in 3 mal 3 cm große und 1 cm dicke Stücke schneiden, in die Marinade legen und mindestens über Nacht kühl stellen – je länger, desto zarter: bis zu 24 Stunden.
Eine Stunde vor dem Grillen fünf bis sechs Filetstücke flach auf jeden Spieß aufstecken. Je nach Wunsch 10 bis 15 Minuten grillen.
Beilagen: Reis, Fladenbrot und frische Kräuter

Lamm am Spieß
Kabab-e-Bareh

4 Stunden Vorbereitungs- und Kochzeit

1 Lamm
2 TL Safran
500 g Butter
4 Zitronen (Saft)
10 Knoblauchzehen

Kabab-e-Bareh braucht drei bis vier Stunden Garzeit und ist ein typisches Essen für ein Familienfest.

◆ In einem Topf 100 ml Wasser aufkochen, den in 1 EL heißem Wasser aufgelösten Safran, Butter, Zitronensaft, Pfeffer und Salz einrühren. Die Sauce warm stellen.
Das Lamm gründlich waschen und mit einem Küchentuch abtrocknen. Mit einem spitzen Messer an zehn verschiedenen Stellen einritzen, je eine Knoblauchzehe hineindrücken.
Das Lamm innen und außen mit der Sauce bestreichen und auf einen großen Spieß stecken – der Abstand zur Glut muss mindestens 50 cm betragen. Damit das Lamm innen gar wird, es regelmäßig wenden und gelegentlich mit Sauce bestreichen.

Wachtelspieß
Kabab-e-Beldertschin

für 4 Personen

4 Wachteln
1 Prise Safran
20 g Butter
1 EL Zitronensaft

◆ Die ausgenommenen Wachteln waschen, in einem Küchentuch abtrocknen und mit der Geflügelschere der Länge nach teilen. Die Hälften längs auf den Spieß stecken.
Den in 1 EL heißem Wasser aufgelösten Safran mit Butter, Zitronensaft, Pfeffer und Salz kurz erhitzen und zu einer Sauce verrühren. Kurz vor dem Grillen mit einem Pinsel auf die Wachtelhälften streichen.
Die Grillzeit beträgt je nach Größe der Wachteln 10 bis 20 Minuten. Regelmäßig wenden und gelegentlich mit Sauce bestreichen.
Beilagen: Reis, frische Kräuter, eingelegtes Gemüse, Sumach und gegrillte Tomaten

Hacksteaks
Kabab-e-Tabeh,
Kabab-e-Dieg

für 4 Personen

600 g Hackfleisch
vom Lamm
2 Zwiebeln
Öl

Der Vorteil dieses bei Kindern so beliebten Hacksteaks ist, dass es in der Pfanne zubereitet werden kann.

◆ In einer Salatschüssel das Hackfleisch mit fein geriebenen Zwiebeln, Pfeffer und Salz 5 Minuten mit der Hand durchkneten. In acht Portionen aufteilen und handtellergroß formen. 30 Minuten ruhen lassen.
In einer Pfanne Öl erhitzen und jede Portion von beiden Seiten darin goldbraun braten.
Beilagen: Reis, Fladenbrot, frische Kräuter oder eingelegtes Gemüse

Hähnchenspieß
Dschudsch-e-Kabab

am Vortag beginnen
für 4 Personen

4 kleine Hähnchen

für die Marinade:
½ TL Safran
50 g Butter
2 Zwiebeln
3 Zitronen (Saft)

◆ Für die Marinade den in 1 EL heißem Wasser aufgelösten Safran mit Butter, geriebenen Zwiebeln, Zitronensaft, Pfeffer und Salz vermischen. Die Hähnchen vierteln, enthäuten, gegebenenfalls die Knochen entfernen. Mindestens einen Tag in der Marinade einlegen.
Bei normaler Hitze grillen, bis das Fleisch innen durch ist.
Beilage: Reis

Reisgerichte
Tschello, Pollo, Taskabab

Um zu verhindern, dass der Reis klebrig wird, muss er vor dem Kochen zwei- bis dreimal gründlich gewaschen werden. Da er oft lange Lagerzeiten hinter sich hat, wird er überdies zwei Stunden in Salzwasser eingeweicht und danach in einem Sieb abgespült. Erst dann gibt man ihn in kochendes Salzwasser und lässt ihn bei mittlerer Hitze ohne Deckel 8 Minuten kochen. Anschließend spült man ihn in einem Sieb mit kaltem Wasser ab. Weich ist er jetzt noch nicht, sondern körnig im Biss.

Der abgetropfte Reis wird dann in einem großen Topf, dessen Boden dünn mit Wasser und Pflanzenöl bedeckt ist, zu einer Pyramide aufgeschichtet, in die man mit dem Stiel eines Holzlöffels mehrere Löcher bis zum Boden bohrt. So kann sich die Hitze gleichmäßiger verteilen und der Reis wird lockerer. Nun gibt man ein paar Butterflocken oder 1 bis 2 EL Öl über den Reis und verschließt den Topf mit einem Deckel, um den ein sauberes, an den Enden zusammengeknotetes Küchentuch gewickelt ist – im Iran benutzt man dafür auch den Damkoni, eine in Baumwolltücher gewickelte Bastmatte. So wird verhindert, dass verdunstetes Wasser zurück in den Reis tropft und ihn verklebt. Nun wird er etwa eine Stunde bei kleinstmöglicher Hitze gedämpft. Ist er anschließend noch nicht ganz weich, gießt man ⅓ Tasse Wasser darüber und lässt ihn noch einmal 20 Minuten dämpfen.

Damit sich die Reiskruste (Tahdig) gut vom Boden ablöst, stellt man den Topf 5 Minuten vor dem Öffnen in ein Spülbecken mit 3 cm kaltem Wasser. Serviert wird der Reis auf einer großen Platte, umgeben von den zerbrochenen Tahdig-Stücken. Will man ihn mit Safran garnieren, wodurch er duftiger und farblich anregender wird, muss man ein paar EL fertig gekochten Reis mit ½ TL Safran vermischen, der in 3 EL heißem Wasser aufgelöst wurde.

Für ein Pollo, also zum Beispiel einen Möhren- oder Linsenreis, sind die Vorbeitungen dieselben. Nur werden alle Zutaten vor dem Dämpfen schichtweise in den Topf gegeben. Wer ein Pollo mit einer Reiskruste wünscht, sollte jedoch aufpassen, dass sie wegen der anderen Zutaten nicht anbrennt.

Übrigens gibt es bei der Herstellung des Tahdig schmackhafte Variationen. So kann man den Topfboden zuvor mit Kartoffel- oder Brotscheiben oder mit Kopfsalatblättern auslegen. Oder man rührt in die Öl-Wasser-Mischung auf dem Topfboden etwas Joghurt oder ein rohes Ei.

Wer nicht die nötige Zeit zur Zubereitung eines Tschello hat, kann auf einen einfachen Kochreis (Kateh) zurückgreifen.

Kochreis
Kateh

einige Stunden einweichen
für 4 Personen

4 Tassen Basmati-Reis
50 g Butter oder 2 EL Öl

◆ Den Reis zwei- bis dreimal gründlich waschen und in Wasser mit 1 EL Salz einige Stunden einweichen.
In einem Topf 4 Tassen Wasser mit 1 TL Salz zum Kochen bringen, den abgetropften Reis hineingeben und bei mittlerer Hitze ohne Deckel 8 Minuten kochen. Anschließend in einem Sieb mit kaltem Wasser abspülen und abtropfen lassen.
Den Reis pyramidenförmig in den Topf schichten. Mit dem Stiel eines Holzlöffels mehrere tiefe Löcher hineinbohren. Butterflocken oder Öl über dem Reis verteilen und den Topf mit einem Deckel, um den ein an den Enden zusammengeknotetes Küchentuch gewickelt ist, verschließen. Bei kleinstmöglicher Hitze 30 Minuten dämpfen.

Reis mit Bodenkruste
Tschello

einige Stunden einweichen
2 Stunden Vorbereitungs- und Kochzeit
für 4 Personen

4 Tassen Basmati-Reis
50 g Butter
½ TL Safran

◆ Den Reis zwei- bis dreimal gründlich waschen und in Wasser mit 1 EL Salz einige Stunden einweichen.
In einem großen Topf 2 l Wasser mit 1 EL Salz zum Kochen bringen, den abgetropften Reis hineingeben und bei mittlerer Hitze ohne Deckel 8 Minuten kochen. Anschließend in einem Sieb mit kaltem Wasser abspülen und abtropfen lassen.
Den Boden eines großen Topfes mit ⅓ Tasse Wasser und 25 g zerlassener Butter bedecken. Den Reis pyramidenförmig hineinschichten. Mit dem Stiel eines Holzlöffels mehrere tiefe Löcher hineinbohren. Butterflocken über dem Reis verteilen und den Topf mit einem Deckel, um den ein an den Enden zusammengeknotetes Küchentuch gewickelt ist, verschließen. Bei kleinstmöglicher Hitze etwa eine Stunde dämpfen. Ist der Reis noch nicht weich genug, mit ⅓ Tasse Wasser übergießen und weitere 20 Minuten dämpfen.
Damit sich die Reiskruste gut vom Boden ablöst, den Topf 5 Minuten vor dem Öffnen in ein Spülbecken mit 3 cm kaltem Wasser stellen.
Auf einer großen Platte servieren, umgeben von den zerbrochenen Tahdig-Stücken. Will man ihn mit Safran garnieren, ein paar EL fertig gekochten Reis mit dem Safran vermischen, der in 3 EL heißem Wasser aufgelöst wurde.

Varianten:
Bevor der Reis zu einer Pyramide geschichtet wird, den Boden des Topfes mit dünnen Kartoffelscheiben oder Fladenbrot auslegen.

Linsenreis
Adass-Pollo

einige Stunden einweichen
2 Stunden Vorbereitungs- und Kochzeit
für 4 Personen

300 g Basmati-Reis
200 g Linsen
400 g Lamm
1 EL Öl
1 gehackte Zwiebel
½ TL Kurkuma
80 g Butter
½ TL Safran
12 Datteln ohne Kern
100 g Rosinen

◆ Den Reis zwei- bis dreimal gründlich waschen und in Wasser mit 1 EL Salz einige Stunden einweichen. Währenddessen die Linsen in einem Topf mit lauwarmem Wasser einweichen.
Das Fleisch in Würfel schneiden. In einer Pfanne Öl erhitzen und das Fleisch mit der Zwiebel darin anbraten. Kurkuma, Pfeffer, Salz sowie 1½ Glas Wasser zugeben. Zugedeckt zum Kochen bringen und bei schwacher Hitze 45 Minuten köcheln.
In einem großen Topf 2 l Wasser mit 1 EL Salz zum Kochen bringen, abgetropften Reis hineingeben und bei mittlerer Hitze ohne Deckel 8 Minuten kochen. Anschließend in einem Sieb mit kaltem Wasser abspülen und abtropfen lassen.
Währenddessen die Linsen in Salzwasser bei mittlerer Hitze 15 Minuten kochen.
Den Boden eines großen Topfes mit 2 EL Wasser, 40 g zerlassener Butter und dem in 3 EL heißem Wasser aufgelösten Safran bedecken. Die Hälfte des Reises, des Fleischs (ohne Sauce), der Linsen, der Datteln und der Rosinen pyramidenförmig hineinschichten. Mit der anderen Hälfte der Zutaten ebenso verfahren. Mit dem Stiel eines Holzlöffels mehrere tiefe Löcher hineinbohren. Butterflocken und Fleischsauce über dem Reis verteilen und den Topf mit einem Deckel, um den ein an den Enden zusammengeknotetes Küchentuch gewickelt ist, verschließen. Bei kleinstmöglicher Hitze 45 bis 60 Minuten dämpfen und aufpassen, dass nichts anbrennt!
Damit sich die Reiskruste gut vom Boden ablöst, den Topf 5 Minuten vor dem Öffnen in ein Spülbecken mit 3 cm kaltem Wasser stellen.
Zum Servieren den Reis auf einer großen Platte zu einer Pyramide formen und mit den zerbrochenen Tahdig-Stücken garnieren.
Beilagen: Kuku, eingelegtes Gemüse, frische Kräuter und Joghurt mit Salatgurke (Seite 45)

Reis mit gelben Linsen
Ghemeh-Pollo

einige Stunden einweichen
2 Stunden Vorbereitungs- und Kochzeit
für 4 Personen

300 g Basmati-Reis
500 g Hammelschulter ohne Knochen
2 EL Öl
2 gehackte Zwiebeln
100 g gelbe Linsen
1 EL Tomatenmark
1 TL Adwieh (persische Gewürzmischung)
½ TL gemahlener Zimt
1 TL gemahlene Limetten
50 g Butter
2 EL Joghurt
¼ TL Safran

◆ Den Reis zwei- bis dreimal gründlich waschen und in Wasser mit 1 EL Salz einige Stunden einweichen.
Das Fleisch in gulaschgroße Würfel schneiden. In einem Topf Öl erhitzen und die Zwiebeln darin goldbraun braten. Das Fleisch zugeben und bei starker Hitze anbraten. Die Linsen mit 2 Glas Wasser hinzugeben und alles bei schwacher Hitze zugedeckt etwa 30 Minuten köcheln. Dann Tomatenmark, Adwieh, Zimt, Limetten, Pfeffer und Salz hinzufügen, abschmecken und alles weitere 5 Minuten köcheln.
In einem großen Topf 2 l Wasser mit 1 EL Salz zum Kochen bringen, abgetropften Reis hineingeben und bei mittlerer Hitze ohne Deckel 8 Minuten kochen. Anschließend in einem Sieb mit kaltem Wasser abspülen und abtropfen lassen.
Den Boden eines großen Topfes mit der Hälfte der zerlassenen Butter, des Joghurts und des in 2 EL heißem Wasser aufgelösten Safrans bedecken. Die Hälfte des Reises und der Fleisch-Linsen-Mischung (ohne Sauce) pyramidenförmig hineinschichten. Mit der anderen Hälfte der Zutaten ebenso verfahren. Mit dem Stiel eines Holzlöffels mehrere tiefe Löcher hineinbohren. Butterflocken und Fleischsauce über dem Reis verteilen und den Topf mit einem Deckel, um den ein an den Enden zusammengeknotetes Küchentuch gewickelt ist, verschließen. Bei kleinstmöglicher Hitze 45 bis 60 Minuten dämpfen und aufpassen, dass nichts anbrennt!
Damit sich die Reiskruste gut vom Boden ablöst, den Topf 5 Minuten vor dem Öffnen in ein Spülbecken mit 3 cm kaltem Wasser stellen.
Zum Servieren den Reis auf einer großen Platte zu einer Pyramide formen und mit den zerbrochenen Tahdig-Stücken garnieren.
Beilagen: Kuku, eingelegtes Gemüse, frische Kräuter und Joghurt mit Salatgurke (Seite 45)

Stangenbohnen-Reis
Loubia-Pollo

einige Stunden einweichen
2 Stunden Vorbereitungs- und Kochzeit
für 4 Personen

300 g Basmati-Reis
400 g Lammfleisch
400 g Stangenbohnen
1 EL Öl
1 gehackte Zwiebel
2 EL Tomatenmark
½ TL gemahlener Zimt
50 g Butter
½ TL Safran

◆ Den Reis zwei- bis dreimal gründlich waschen und in Wasser mit 1 EL Salz einige Stunden einweichen.
Das Fleisch in Würfel schneiden, die Bohnen dritteln.
In einem Topf Öl erhitzen und das Fleisch mit der Zwiebel darin anbraten. Tomatenmark und ½ Tasse Wasser hinzugeben. Alles zum Kochen bringen und bei schwacher Hitze zugedeckt 20 Minuten köcheln. Dann Bohnen, Zimt, Pfeffer und Salz in den Topf geben, alles bei schwacher Hitze 30 Minuten köcheln.
In einem großen Topf 2 l Wasser mit 1 EL Salz zum Kochen bringen, abgetropften Reis hineingeben und bei mittlerer Hitze ohne Deckel 8 Minuten kochen. Anschließend in einem Sieb mit kaltem Wasser abspülen und abtropfen lassen.
Den Boden eines großen Topfes mit der Hälfte der zerlassenen Butter und des in 2 EL heißem Wasser aufgelösten Safrans bedecken. Die Hälfte des Reises und der Fleisch-Bohnen-Mischung pyramidenförmig hineinschichten. Mit der anderen Hälfte der Zutaten ebenso verfahren. Mit dem Stiel eines Holzlöffels mehrere tiefe Löcher hineinbohren. Den Rest der Butter und des Safrans über dem Reis verteilen und den Topf mit einem Deckel, um den ein an den Enden zusammengeknotetes Küchentuch gewickelt ist, verschließen. Bei kleinstmöglicher Hitze etwa eine Stunde dämpfen und aufpassen, dass nichts anbrennt!
Damit sich die Reiskruste gut vom Boden ablöst, den Topf 5 Minuten vor dem Öffnen in ein Spülbecken mit 3 cm kaltem Wasser stellen.
Zum Servieren den Reis auf einer großen Platte zu einer Pyramide formen und mit den zerbrochenen Tahdig-Stücken garnieren.
Beilagen: Kuku, eingelegtes Gemüse, frische Kräuter und Joghurt mit Salatgurke (Seite 45)

Reis mit dicken Bohnen und Dill

Baghali-Pollo(-e-Sadeh)

einige Stunden einweichen
2 Stunden Vorbereitungs- und Kochzeit
für 4 Personen

300 g Basmati-Reis
500 g Lammfleisch
2 EL Öl
2 gehackte Zwiebeln
½ TL Safran
150 g getrocknete Bohnen (Baghla)
50 g Butter
2 EL Joghurt
2 Bund Dill

◆ Den Reis zwei- bis dreimal gründlich waschen und in Wasser mit 1 EL Salz einige Stunden einweichen.

Die folgenden drei Kochvorgänge möglichst gleichzeitig durchführen:

1. Das Fleisch in Würfel schneiden. In einem Topf Öl erhitzen, Fleisch, Zwiebeln, Pfeffer und Salz darin anbraten. Die Hälfte des Safrans in 1 Tasse heißem Wasser auflösen und hinzufügen. Alles bei schwacher Hitze 30 Minuten köcheln.
2. In einem Topf die Bohnen mit kaltem Salzwasser bedecken und zum Kochen bringen. Bei mittlerer Hitze zugedeckt etwa 20 Minuten kochen. Sobald sie weich sind, in ein Sieb geben und abtropfen lassen.
3. In einem großen Topf 2 l Wasser mit 1 EL Salz zum Kochen bringen, den abgetropften Reis hineingeben und bei mittlerer Hitze ohne Deckel 8 Minuten kochen. Anschließend in einem Sieb mit kaltem Wasser abspülen und abtropfen lassen.

Dann den Boden eines großen Topfes mit 25 g zerlassener Butter, 1 EL Joghurt und dem restlichen Safran bedecken. Die Hälfte des Reises, des Fleischs und der Bohnen pyramidenförmig hineinschichten. Mit der Hälfte des fein geschnittenen Dills bestreuen. Mit der anderen Hälfte der Zutaten ebenso verfahren. Mit dem Stiel eines Holzlöffels mehrere tiefe Löcher hineinbohren. Den zweiten EL Joghurt und Butterflocken über dem Reis verteilen und den Topf mit einem Deckel, um den ein an den Enden zusammengeknotetes Küchentuch gewickelt ist, verschließen. Bei kleinstmöglicher Hitze etwa eine Stunde dämpfen und aufpassen, dass nichts anbrennt!
Damit sich die Reiskruste gut vom Boden ablöst, den Topf 5 Minuten vor dem Öffnen in ein Spülbecken mit 3 cm kaltem Wasser stellen.
Auf einer großen Platte servieren, umgeben von den zerbrochenen Tahdig-Stücken.
Beilagen: Kuku, eingelegtes Gemüse, frische Kräuter und Joghurt mit Salatgurke (Seite 45)

Möhrenreis
Hawidsch-Pollo

einige Stunden einweichen
2 Stunden Vorbereitungs- und Kochzeit
für 4 Personen

300 g Basmati-Reis
800 g Möhren
2 kleine Kartoffeln
2 EL Öl
2 gehackte kleine Zwiebeln
2 Knoblauchzehen
50 g Pistazienkerne
30 g Rosinen
½ TL Kurkuma
¼ TL gemahlener Zimt oder Kardamompulver
30 g Butter
¼ TL Safran

◆ Den Reis zwei- bis dreimal gründlich waschen und in Wasser mit 1 EL Salz einige Stunden einweichen. Die Möhren schälen und in schmale, 3 cm lange Stifte schneiden. Die Kartoffeln schälen und in Scheiben schneiden.
In einer Pfanne Öl erhitzen und die Zwiebeln darin goldbraun braten. Zerdrückten Knoblauch zugeben und kurz erhitzen. Möhren, Pistazienkerne, Rosinen, Kurkuma und Zimt mit ½ Tasse Wasser hinzugeben. Bei schwacher Hitze zugedeckt 20 Minuten köcheln. Dann den Deckel abnehmen und die Flüssigkeit im Topf verdampfen lassen.
Währenddessen in einem großen Topf 2 l Wasser mit 1 EL Salz zum Kochen bringen, den abgetropften Reis hineingeben und bei mittlerer Hitze ohne Deckel 8 Minuten kochen. Anschließend in einem Sieb mit kaltem Wasser abspülen und abtropfen lassen.
Den Boden eines großen Topfes mit zerlassener Butter und dem in 2 EL heißem Wasser aufgelösten Safran bedecken, mit den Kartoffeln auslegen. Die Hälfte des Reises und der Möhren pyramidenförmig hineinschichten. Mit der anderen Hälfte der Zutaten ebenso verfahren. Mit dem Stiel eines Holzlöffels mehrere tiefe Löcher hineinbohren. Butterflocken über dem Reis verteilen und den Topf mit einem Deckel, um den ein an den Enden zusammengeknotetes Küchentuch gewickelt ist, verschließen. Bei kleinstmöglicher Hitze etwa eine Stunde dämpfen.
Damit sich die Reiskruste gut vom Boden ablöst, den Topf 5 Minuten vor dem Öffnen in ein Spülbecken mit 3 cm kaltem Wasser stellen.
Auf einer großen Platte servieren, umgeben von den zerbrochenen Tahdig-Stücken.
Beilagen: Hähnchenspieß (Seite 76), Kuku, eingelegtes Gemüse, frische Kräuter und Joghurt mit Salatgurke (Seite 45)

Reis im Ofen
Chirazi-Pollo

einige Stunden einweichen
2-3 Stunden Vorbereitungs- und Kochzeit
für 4 Personen

300 g Basmati-Reis
1 Hähnchen
1 gehackte Zwiebel
2 Auberginen
Öl
100 g getrocknete Berberitze
30 g Butter
1 EL Zucker
¼ TL Safran
1 Eigelb
2 EL Joghurt

◆ Den Reis zwei- bis dreimal gründlich waschen und in Wasser mit 1 EL Salz einige Stunden einweichen.
Die folgenden vier Kochvorgänge möglichst gleichzeitig durchführen:
1. In einem Topf das Hähnchen mit der Zwiebel in 1 Tasse Wasser bei mittlerer Hitze zugedeckt 30 Minuten kochen. Dann das Fleisch von den Knochen lösen und in kleine Stücke zerteilen. Die Sauce zur Seite stellen.
2. Die Auberginen schälen, in dicke Scheiben schneiden und salzen. In einer Pfanne reichlich Öl erhitzen und die Auberginen von beiden Seiten darin goldbraun braten. Auf einen Teller legen.
3. In einem großen Topf 2 l Wasser mit 1 EL Salz zum Kochen bringen, den abgetropften Reis hineingeben und bei mittlerer Hitze ohne Deckel 8 Minuten kochen. Anschließend in einem Sieb mit kaltem Wasser abspülen und abtropfen lassen.
4. Die Berberitze in einem Sieb gründlich abspülen und abtropfen lassen. In 20 g Butter kurz anbraten, vom Herd nehmen und mit Zucker und der Hälfte des in 2 EL heißem Wasser aufgelösten Safrans vermischen.
Zwei Drittel des Reises mit Eigelb, Joghurt und restlichem Safran vermischen. Die restliche Butter in einer Auflaufform zerlassen und die Reismischung hineingeben. Die Hähnchenstücke darauf verteilen, mit Auberginenscheiben und dem restlichen Reis bedecken. Mit der Sauce übergießen.
Die Auflaufform in den vorgeheizten Ofen schieben und bei 140° eine bis anderthalb Stunden backen.
Vor dem Servieren mit der Berberitze garnieren.

Reis mit Fisch
Lach Loch

einige Stunden einweichen
für 4 Personen

300 g Basmati-Reis
400 g Fischfilet nach Wahl
Öl
5 Zwiebeln
3 Knoblauchzehen
1 TL Kurkuma
1 TL scharfes Paprikapulver
1 Bund Dill
1 rote Paprika
1 TL gemahlene Limetten

◆ Den Reis zwei- bis dreimal gründlich waschen und in Wasser mit 1 EL Salz einige Stunden einweichen.
Das Fischfilet würfeln, in einem Topf mit 1½ Tassen Wasser zum Kochen bringen und bei schwacher Hitze 12 Minuten köcheln. Die Fischstücke auf einen Teller legen, die Sauce im Topf lassen.
In einem anderen Topf 4 EL Öl erhitzen und die in Ringe geschnittenen Zwiebeln darin bräunen. Die Hälfte der Zwiebeln herausnehmen und zur Seite stellen. Zerdrückten Knoblauch zugeben und kurz erhitzen. Kurkuma und Paprikapulver zugeben und kurz braten. Fischsauce mit 4 Tassen Wasser, abgetropftem Reis, fein gehacktem Dill, Pfeffer und Salz zugeben. Alles zum Kochen bringen und bei mittlerer Hitze ohne Deckel köcheln, bis das Wasser eingezogen bzw. verdampft ist.
Den Fisch hinzugeben und vorsichtig untermischen. Die Masse pyramidenförmig in den Topf schichten. Mit dem Stiel eines Holzlöffels mehrere tiefe Löcher hineinbohren. Den Topf mit einem Deckel, um den ein an den Enden zusammengeknotetes Küchentuch gewickelt ist, verschließen. 40 Minuten dämpfen.
Mit Zwiebelringen, der in Streifen geschnittenen Paprika und Limetten garnieren.

Kräuterreis
Sabsi-Pollo wa Mahi

einige Stunden einweichen
für 4 Personen

300 g Basmati-Reis
1 Bund Schnittlauch
1 Bund Petersilie
1 Bund Dill
½ TL Koriander
2 Frühlingszwiebeln
50 g Butter
½ TL Safran
3 Knoblauchzehen
4 Forellen
2 EL Olivenöl
2 Zitronen

◆ Den Reis zwei- bis dreimal gründlich waschen und in Wasser mit 1 EL Salz einige Stunden einweichen.
In einem großen Topf 2 l Wasser mit 1 EL Salz zum Kochen bringen, abgetropften Reis hineingeben und bei mittlerer Hitze ohne Deckel 8 Minuten kochen. Anschließend in einem Sieb mit kaltem Wasser abspülen und abtropfen lassen.
Die Kräuter fein hacken, die Frühlingszwiebeln schälen.
Den Boden eines großen Topfes mit ⅓ Tasse Wasser, 25 g zerlassener Butter und der Hälfte des in 2 EL heißem Wasser aufgelösten Safrans bedecken. Die Hälfte des Reises, der Kräuter, der ungeschälten Knoblauchzehen und Frühlingszwiebeln pyramidenförmig hineinschichten. Mit der anderen Hälfte der Zutaten ebenso verfahren. Mit dem Stiel eines Holzlöffels mehrere tiefe Löcher hineinbohren. Butterflocken und restlichen Safran über dem Reis verteilen und den Topf mit einem Deckel, um den ein an den Enden zusammengeknotetes Küchentuch gewickelt ist, verschließen. Bei kleinstmöglicher Hitze etwa eine Stunde dämpfen und aufpassen, dass nichts anbrennt!
Währenddessen die Forellen ausnehmen, außen und innen vorsichtig waschen, mit Küchenpapier trockentupfen. Mit Öl einreiben, pfeffern und salzen, in eine gefettete feuerfeste Auflaufform legen. Mit dem Saft einer Zitrone bestreichen, die Form in den vorgeheizten Ofen schieben und bei 180° 15 Minuten backen.
Damit sich die Reiskruste gut vom Boden ablöst, den Topf 5 Minuten vor dem Öffnen in ein Spülbecken mit 3 cm kaltem Wasser stellen.
Auf einer großen Platte servieren, umgeben von zerbrochenen Tahdig-Stücken und Forellen. Mit der in dünne Scheiben geschnittenen Zitrone und den gedünsteten Frühlingszwiebeln garnieren.

Berberitzen-Reis mit Hühnchen

Sereschk-Pollo wa Morgh

einige Stunden einweichen
für 4 Personen

300 g Basmati-Reis
8 Hühnerkeulen
4 EL Öl
150 g getrocknete Berberitze
1 gehackte Zwiebel
2 EL Zucker
50 g Butter
½ TL Safran

◆ Den Reis zwei- bis dreimal gründlich waschen und in Wasser mit 1 EL Salz einige Stunden einweichen.
In einem großen Topf 2 l Wasser mit 1 EL Salz zum Kochen bringen, den abgetropften Reis hineingeben und bei mittlerer Hitze ohne Deckel 8 Minuten kochen. Anschließend in einem Sieb mit kaltem Wasser abspülen und abtropfen lassen.
Die Hühnerkeulen waschen, in einem Küchentuch abtrocknen, pfeffern und salzen. In einem Topf 3 EL Öl erhitzen und die Keulen von allen Seiten darin gut anbraten.
Die Berberitze in einem Sieb waschen und abtropfen lassen. In einer Pfanne 1 EL Öl erhitzen und die Zwiebel darin anbraten. Die Berberitze dazugeben und 1 Minute erhitzen. Vom Herd nehmen und den Zucker untermischen.
Den Boden eines großen Topfes mit ⅓ Tasse Wasser, 25 g zerlassener Butter und der Hälfte des in 2 EL heißem Wasser aufgelösten Safrans bedecken. Die Hälfte des Reises, der Hühnerkeulen und der Berberitze pyramidenförmig hineinschichten. Mit der anderen Hälfte der Zutaten ebenso verfahren. Mit dem Stiel eines Holzlöffels mehrere tiefe Löcher hineinbohren. Butterflocken und restlichen Safran über dem Reis verteilen und den Topf mit einem Deckel, um den ein an den Enden zusammengeknotetes Küchentuch gewickelt ist, verschließen. Bei kleinstmöglicher Hitze etwa eine Stunde dämpfen und aufpassen, dass nichts anbrennt!
Damit sich die Reiskruste gut vom Boden ablöst, den Topf 5 Minuten vor dem Öffnen in ein Spülbecken mit 3 cm kaltem Wasser stellen.
Auf einer großen Platte servieren, umgeben von den zerbrochenen Tahdig-Stücken.

◆ Den Reis zwei- bis dreimal gründlich waschen und in Wasser mit 1 EL Salz einige Stunden einweichen.
In einer Schüssel Hackfleisch, Zwiebeln, Pfeffer und Salz mit den Händen durchkneten und zu walnussgroßen Klößchen formen. In einer Pfanne Öl erhitzen und die Klößchen darin braten. Auf einem Teller zur Seite stellen.
Die Möhren schälen und reiben.
In der gleichen Pfanne 25 g Butter zerlassen und die Möhren darin dünsten. Orangenschale, Mandeln, Zucker, Kümmel und die Hälfte des in 3 EL heißem Wasser aufgelösten Safrans hinzugeben.
In einem großen Topf 2 l Wasser mit 1 EL Salz zum Kochen bringen, den abgetropften Reis hineingeben und bei mittlerer Hitze ohne Deckel 8 Minuten kochen. Anschließend in einem Sieb mit kaltem Wasser abspülen und abtropfen lassen.
Den Boden eines großen Topfes mit 2 EL Wasser, 25 g zerlassener Butter, Joghurt und restlichem Safran bedecken. Die Hälfte des Reises, der Fleischklößchen und der Möhren-Mischung pyramidenförmig hineinschichten. Mit der anderen Hälfte der Zutaten ebenso verfahren. Mit dem Stiel eines Holzlöffels mehrere tiefe Löcher hineinbohren. Den Topf mit einem Deckel, um den ein an den Enden zusammengeknotetes Küchentuch gewickelt ist, verschließen. Bei kleinstmöglicher Hitze etwa eine Stunde dämpfen und aufpassen, dass nichts anbrennt!
Damit sich die Reiskruste gut vom Boden ablöst, den Topf 5 Minuten vor dem Öffnen in ein Spülbecken mit 3 cm kaltem Wasser stellen.
Auf einer großen Platte servieren, umgeben von den zerbrochenen Tahdig-Stücken.

Süßer Reis
Chirin-Pollo

einige Stunden einweichen
für 4 Personen

300 g Basmati-Reis
500 g Hackfleisch von Lamm oder Rind
2 gehackte Zwiebeln
2 EL Öl
6 Möhren
50 g Butter
2 EL abgeriebene Orangenschale
2 EL geschälte Mandeln
50 g Zucker
¼ TL Kümmel
½ TL Safran
2 EL Joghurt

Reis mit Sauerkirschen
Albalu-Pollo

einige Stunden einweichen
2 Stunden Vorbereitungs- und Kochzeit
für 4 Personen

300 g Basmati-Reis
800 g entsteinte Sauerkirschen
100 g Zucker
1 Hähnchen
4 EL Öl
2 Zwiebeln
250 g Hackfleisch vom Lamm
30 g Butter
½ TL Safran

zum Garnieren:
20 g Butter
20 g Pistaziensplitter
20 g Mandelsplitter

◆ Den Reis zwei- bis dreimal gründlich waschen und in Wasser mit 1 EL Salz einige Stunden einweichen.

Die folgenden vier Kochvorgänge möglichst gleichzeitig durchführen:

1. In einem Topf Sauerkirschen, 1 Tasse Wasser und Zucker zum Kochen bringen und 15 Minuten köcheln. Abkühlen lassen.

2. Das Hähnchen in acht Teile zerlegen. In einem anderen Topf 2 EL Öl erhitzen, das Hähnchen mit einer geriebenen Zwiebel, Pfeffer und Salz bei mittlerer Hitze zugedeckt etwa 45 Minuten darin garen. Nach dem Abkühlen die Knochen entfernen.

3. In einer Schüssel das Hackfleisch, eine gehackte Zwiebel, Pfeffer und Salz mit den Händen durchkneten und zu walnussgroßen Klößchen formen. In einer Pfanne 2 EL Öl erhitzen und die Klößchen darin braten. Auf einem Teller zur Seite stellen.

4. In einem großen Topf 2 l Wasser mit 1 EL Salz zum Kochen bringen, den abgetropften Reis hineingeben und bei mittlerer Hitze ohne Deckel 8 Minuten kochen. Anschließend in einem Sieb mit kaltem Wasser abspülen und abtropfen lassen.

Den Boden eines großen Topfes mit zerlassener Butter und dem in 2 EL heißem Wasser aufgelösten Safran bedecken. Die Hälfte des Reises, der Fleischklößchen, des Hähnchens und der Sauerkirschen (ohne Sirup) pyramidenförmig hineinschichten – den Kirschsirup zur Seite stellen. Mit der anderen Hälfte der Zutaten ebenso verfahren. Mit dem Stiel eines Holzlöffels mehrere tiefe Löcher hineinbohren. Den Topf mit einem Deckel, um den ein an den Enden zusammengeknotetes Küchentuch gewickelt ist, verschließen. Bei kleinstmöglicher Hitze etwa eine Stunde dämpfen und aufpassen, dass nichts anbrennt!

Damit sich die Reiskruste gut vom Boden ablöst, den Topf 5 Minuten vor dem Öffnen in ein Spülbecken mit 3 cm kaltem Wasser stellen.
Auf einer großen Platte servieren, umgeben von den zerbrochenen Tahdig-Stücken. Mit den in zerlassener Butter und Kirschsirup gedünsteten Pistazien- und Mandelsplittern garnieren.

Auflauf
Taskabab

2 Stunden Vorbereitungs- und Kochzeit
für 4 Personen

400 g Lammfleisch
4 Kartoffeln
4 kleine Zwiebeln
3 EL Öl
½ TL Kurkuma
1 Zitrone (Saft)

Das Besondere am Taskabab ist, dass er – anders als die anderen Kababs – im Topf zubereitet wird und Ähnlichkeit mit einem Eintopf hat.

◆ Das Fleisch in 2 mal 2 cm große Würfel, die geschälten Kartoffeln in dicke Scheiben, die Zwiebeln in dünne Ringe schneiden.
Den Boden eines Topfes mit Zwiebelringen auslegen, 1 Tasse Wasser und Öl zugießen. Die Hälfte des Fleisches und der Kartoffeln hineinschichten. Mit der Hälfte der Kurkuma, Pfeffer und Salz würzen, die Hälfte des Zitronensaftes darüber träufeln. Mit der anderen Hälfte der Zutaten ebenso verfahren.
Bei schwacher Hitze zugedeckt anderthalb bis zwei Stunden garen.

Auflauf mit Äpfeln und Quitten
Taskabab-e-Sib ba Beh

2 Stunden Vorbereitungs- und Kochzeit
für 4 Personen

400 g Lammfleisch
2 Zwiebeln
2 Quitten
2 Äpfel
3 EL Öl
½ TL Safran

◆ Das Fleisch in 2 mal 2 cm große Würfel, die Zwiebeln in dünne Ringe schneiden. Quitten und Äpfel schälen, entkernen und in dicke Scheiben schneiden.
Den Boden eines Topfes mit Zwiebelringen auslegen, 1 Tasse Wasser und Öl zugießen. Die Hälfte des Fleisches, der Quitten und der Äpfel hineinschichten. Mit Pfeffer und Salz würzen, die Hälfte des in 2 EL heißem Wasser aufgelösten Safrans darüber träufeln. Mit der anderen Hälfte der Zutaten ebenso verfahren.
Bei schwacher Hitze zugedeckt anderthalb bis zwei Stunden garen.

Gemischter Auflauf
Taskabab-e-Makhlout

2 Stunden Vorbereitungs- und Kochzeit
für 4 Personen

400 g Lammfleisch
4 Kartoffeln
4 kleine Zwiebeln
4 Möhren
1 große Quitte
3 EL Öl
½ TL Kurkuma
1 Zitrone (Saft)

◆ Das Fleisch in 2 mal 2 cm große Würfel, die geschälten Kartoffeln in dicke Scheiben schneiden. Zwiebeln, Möhren und die entkernte Quitte schälen und in dünne Ringe schneiden.
Den Boden eines Topfes mit Zwiebelringen auslegen, 1 Tasse Wasser und Öl zugießen. Die Hälfte des Fleisches, der Kartoffeln, Möhren und Quitte hineinschichten. Mit der Hälfte der Kurkuma, Pfeffer und Salz würzen, die Hälfte des Zitronensaftes darüber träufeln. Mit der anderen Hälfte der Zutaten ebenso verfahren.
Bei schwacher Hitze zugedeckt anderthalb bis zwei Stunden garen.

Auflauf mit Trockenpflaumen
Taskabab-e-Aloukhoschk

2 Stunden Vorbereitungs- und Kochzeit
für 4 Personen

400 g Hammel- oder Lammfleisch
4 Kartoffeln
4 kleine Zwiebeln
1 große Quitte (200 g)
3 EL Öl
200 g getrocknete Pflaumen
½ TL Kurkuma
1 Zitrone (Saft)

◆ Das Fleisch in 2 mal 2 cm große Würfel, die geschälten Kartoffeln in dicke Scheiben schneiden. Zwiebeln und die entkernte, geschälte Quitte in dünne Ringe schneiden.
Den Boden eines Topfes mit Zwiebelringen auslegen, 1 Tasse Wasser und Öl zugießen. Die Hälfte des Fleisches, der Kartoffeln, Quitte und Pflaumen hineinschichten. Mit der Hälfte der Kurkuma, Pfeffer und Salz würzen, die Hälfte des Zitronensaftes darüber träufeln. Mit der anderen Hälfte der Zutaten ebenso verfahren.
Bei schwacher Hitze zugedeckt anderthalb bis zwei Stunden garen.

Auflauf mit Auberginen
Taskabab-e-Bademdschan

2-3 Stunden Vorbereitungs- und Kochzeit
für 6 Personen

500 g Hammel- oder Lammfleisch
500 g Zwiebeln
6 kleine Auberginen
6 Tomaten
3 EL Öl
1 TL Kurkuma
2 EL Granatapfelsaft

◆ Das Fleisch in kleine Würfel, die Zwiebeln in Ringe schneiden. Die Auberginen in dicke Ringe schneiden und die Tomaten halbieren.
In einen Topf 1 Tasse Wasser und Öl gießen, Zwiebelringe sowie Fleisch hineingeben, mit Pfeffer, Salz und Kurkuma bestreuen. Auberginen und Tomaten darauf legen. Alles bei kleinstmöglicher Hitze zugedeckt zwei Stunden köcheln.
Den Granatapfelsaft beifügen und alles 30 Minuten garen.
Beilagen: Reis, Fladenbrot, frische Kräuter und eingelegtes Gemüse

Reisauflauf mit Auberginen
Tahtschin-e-Bademdschan

einige Stunden Vorbereitungs- und Kochzeit
für 4 Personen

300 g Basmati-Reis
400 g Lammfleisch ohne Knochen
4 kleine Auberginen
Öl
1 gehackte Zwiebel
100 g Joghurt
1 Eigelb
½ TL Safran
50 g Butter

◆ Den Reis zwei- bis dreimal gründlich waschen und in Wasser mit 1 EL Salz einige Stunden einweichen.
Das Fleisch abspülen, in einem Küchentuch abtrocknen und in Würfel schneiden. Die Auberginen schälen, längs in vier Scheiben schneiden, salzen und in einem Sieb abtropfen lassen – das Salz entzieht Flüssigkeit und neutralisiert so den bitteren Geschmack, zudem benötigt man beim Braten weniger Öl.
In einem Topf 2 EL Öl erhitzen und das Fleisch bei starker Hitze scharf anbraten. Die Zwiebel mit Pfeffer und Salz zugeben und bei schwacher Hitze etwa 10 Minuten weiterbraten. Mit 1 Tasse Wasser ablöschen, zum Kochen bringen und bei schwacher Hitze zugedeckt eine Stunde köcheln.
Währenddessen die Auberginenscheiben mit kaltem Wasser abspülen und auf saugfähiges Papier legen. In einer großen Pfanne 4 EL Öl erhitzen und die ersten Scheiben von beiden Seiten goldbraun braten. Mit den übrigen Auberginen auf gleiche Weise verfahren, dabei jedes Mal Öl nachgießen. Die fertigen Scheiben auf saugfähigem Papier abtropfen lassen.

In einem großen Topf 2 l Wasser mit 1 EL Salz zum Kochen bringen, den abgetropften Reis hineingeben und bei mittlerer Hitze ohne Deckel 8 Minuten kochen. Anschließend in einem Sieb mit kaltem Wasser abspülen und abtropfen lassen.
Wenn das Fleisch fertig gekocht ist, den Joghurt, das Eigelb, den in 2 EL heißem Wasser aufgelösten Safran, Pfeffer und Salz in der Sauce verrühren. Die Hälfte dieser Joghurt-Mischung mit der Hälfte des Reises vermengen.
Die Hälfte der Butter zerlassen und in eine feuerfeste Form geben. Die Reis-Joghurt-Mischung hineinfüllen, Auberginen und Fleischstücke darauf geben und mit dem Rest des Reises bedecken. Die zweite Hälfte der Joghurt-Mischung und der zerlassenen Butter darauf verteilen. Die Form in den vorgeheizten Ofen schieben und alles bei 150° anderthalb Stunden backen.
Heiß servieren.
Beilagen: frische Kräuter, eingelegtes Gemüse und Joghurt mit Salatgurke (Seite 45)

Reisauflauf
Tahtschin

am Vortag beginnen
einige Stunden Vorbereitungs- und Kochzeit
für 4 Personen

300 g Basmati-Reis
800 g Lammfleisch ohne Knochen
300 g Joghurt
1 Eigelb
1 TL Safran
50 g Butter

◆ Das Fleisch abspülen, in einem Küchentuch abtrocknen und in acht Stücke schneiden. In einer Schüssel mit dem Joghurt vermischen und über Nacht zugedeckt in den Kühlschrank stellen.

Einige Stunden vor dem Kochen den Reis zwei- bis dreimal gründlich waschen und in Wasser mit 1 EL Salz einweichen.

Etwa drei Stunden vor der Mahlzeit das Fleisch (ohne Joghurt) in einem Topf mit 1 Tasse Wasser, Pfeffer und Salz zum Kochen bringen und bei schwacher Hitze zugedeckt eine Stunde köcheln.

In einem großen Topf 2 l Wasser mit 1 EL Salz zum Kochen bringen, den abgetropften Reis hineingeben und bei mittlerer Hitze ohne Deckel 8 Minuten kochen. Anschließend in einem Sieb mit kaltem Wasser abspülen und abtropfen lassen.

Wenn das Fleisch fertig gekocht ist, den Joghurt, das Eigelb, den in 2 EL heißem Wasser aufgelösten Safran, Pfeffer und Salz in der Sauce verrühren. Die Hälfte dieser Joghurt-Mischung mit der Hälfte des Reises vermengen.

Die Hälfte der Butter zerlassen und in eine feuerfeste Form geben. Die Reis-Joghurt-Mischung hineinfüllen, die Fleischstücke darauf geben und mit dem Rest des Reises bedecken. Die zweite Hälfte der Joghurt-Mischung und der zerlassenen Butter darauf verteilen. Die Form in den vorgeheizten Ofen schieben und alles bei 150° anderthalb Stunden backen.

Heiß servieren.

Beilagen: frische Kräuter, eingelegtes Gemüse und Joghurt mit Salatgurke (Seite 45)

Reisauflauf mit Spinat
Tahtschin-e-Esfenadsch

einige Stunden Vorbereitungs- und Kochzeit
für 4 Personen

300 g Basmati-Reis
400 g Lammfleisch ohne Knochen
Öl
400 g Spinat
2 gehackte Zwiebeln
100 g Joghurt
1 Eigelb
¼ TL Safran
50 g getrocknete Pflaumen
50 g Butter

◆ Den Reis zwei- bis dreimal gründlich waschen und in Wasser mit 1 EL Salz einige Stunden einweichen.
Das Fleisch abspülen, in einem Küchentuch abtrocknen und in Würfel schneiden. In einem Topf 2 EL Öl erhitzen und das Fleisch bei starker Hitze darin scharf anbraten. Mit 1 Tasse Wasser ablöschen, zum Kochen bringen und bei schwacher Hitze zugedeckt eine Stunde köcheln.
Den Spinat waschen, blanchieren und in einem Sieb abtropfen lassen. Die Zwiebeln mit Pfeffer und Salz in eine Pfanne geben und bei schwacher Hitze bräunen. Den Spinat zugeben und 3 Minuten anbraten.
In einem großen Topf 2 l Wasser mit 1 EL Salz zum Kochen bringen, den abgetropften Reis hineingeben und bei mittlerer Hitze ohne Deckel 8 Minuten kochen. Anschließend in einem Sieb mit kaltem Wasser abspülen und abtropfen lassen.
Wenn das Fleisch fertig gekocht ist, den Joghurt, das Eigelb, den in 2 EL heißem Wasser aufgelösten Safran, Pfeffer und Salz in der Sauce verrühren. Die Hälfte dieser Joghurt-Mischung mit der Hälfte des Reises vermengen.
Die Hälfte der Butter zerlassen und in eine feuerfeste Form geben. Die Reis-Joghurt-Mischung hineinfüllen, Spinat, Fleischstücke und Pflaumen darauf geben und mit dem Rest des Reises bedecken. Die zweite Hälfte der Joghurt-Mischung und der zerlassenen Butter darauf verteilen. Die Form in den vorgeheizten Ofen schieben und alles bei 150° anderthalb Stunden backen.
Heiß servieren.
Beilagen: frische Kräuter, eingelegtes Gemüse und Joghurt mit Salatgurke (Seite 45)

Reisauflauf mit Hähnchen
Tahtschin-e-Morgh

am Vortag beginnen
einige Stunden einweichen
2 Stunden Vorbereitungs- und Kochzeit
für 4 Personen

300 g Basmati-Reis
1 Hähnchen
300 g Joghurt
Öl
1 gehackte Zwiebel
2 Eigelb
1 TL Safran
50 g Butter
Berberitze

◆ Das Hähnchen in acht Stücke schneiden, waschen und in einem Küchentuch abtrocknen. In einer Schüssel mit dem Joghurt vermischen und über Nacht zugedeckt in den Kühlschrank stellen. Einige Stunden vor dem Kochen den Reis zwei- bis dreimal gründlich waschen und in Wasser mit 1 EL Salz einweichen.

Etwa eine Stunde vor der Mahlzeit die Hähnchenstücke aus dem Joghurt nehmen, den Joghurt zur Seite stellen. In einem Topf 2 EL Öl erhitzen und die Zwiebel darin kurz bräunen. Das Fleisch hinzufügen und bei starker Hitze von allen Seiten anbraten. Mit 1 Tasse Wasser ablöschen, mit Pfeffer und Salz würzen. Alles zum Kochen bringen und bei schwacher Hitze zugedeckt 30 Minuten köcheln.

In einem großen Topf 2 l Wasser mit 1 EL Salz zum Kochen bringen, abgetropften Reis hineingeben und bei mittlerer Hitze ohne Deckel 8 Minuten kochen. Anschließend in einem Sieb mit kaltem Wasser abspülen und abtropfen lassen.

Wenn das Fleisch fertig gekocht ist, den Joghurt, die Eigelbe, den in 2 EL heißem Wasser aufgelösten Safran, Pfeffer und Salz in der Sauce verrühren. Die Hälfte dieser Joghurt-Mischung mit der Hälfte des Reises vermengen.

Die Hälfte der Butter zerlassen und in eine feuerfeste Form geben. Die Reis-Joghurt-Mischung hineinfüllen, die Hähnchenstücke darauf geben und mit dem Rest des Reises bedecken. Die zweite Hälfte der Joghurt-Mischung und der zerlassenen Butter darauf verteilen. Die Form in den vorgeheizten Ofen schieben und alles bei 150° anderthalb Stunden backen.

Mit Berberitze garnieren, die man 30 Minuten in Wasser einlegt, in einem Sieb abtropfen lässt und in Öl kurz anbrät.

Beilagen: frische Kräuter, eingelegtes Gemüse und Joghurt mit Salatgurke (Seite 45)

Reis-Fleisch-Klöße
Kufteh

Lammklöße mit Kichererbsenmehl
Kufteh Nokhotschi

für 4 Personen

400 g Hackfleisch vom Lamm
2 Zwiebeln
1 Ei
200 g Kichererbsenmehl
Öl
1 EL getrocknete Pfefferminze
1 TL Kurkuma
4 EL Essig
2 EL Zucker

◆ In einer großen Schüssel das Hackfleisch, eine geriebene Zwiebel, Ei, Kichenerbsenmehl, Pfeffer und Salz vermengen und gut durchkneten. Falls die Masse zu spröde ist, Wasser zugießen und noch einmal durchkneten. Walnussgroße Klößchen formen.
In einem Topf 3 EL Öl erhitzen und eine gehackte Zwiebel darin goldbraun braten. Die Zwiebel herausnehmen und zur Seite stellen. Die Klößchen in dem Öl kurz anbraten und auf einen Teller legen. Im restlichen Öl gemahlene Minze und Kurkuma kurz erhitzen. Essig, Zucker, 1 Tasse Wasser, Pfeffer und Salz in den Topf geben, zum Kochen bringen. Klößchen und Zwiebeln vorsichtig zugeben und bei kleinstmöglicher Hitze zugedeckt 30 Minuten köcheln.
Auf einer Platte heiß servieren.
Beilagen: Fladenbrot und Joghurt, für Liebhaber des süßsauren Geschmacks auch Konfitüre

◆ Reis und Linsen in Salzwasser 30 Minuten kochen. Anschließend in einem Sieb abtropfen lassen.
Währenddessen die Frühlingszwiebeln hacken, eine Zwiebel reiben, die Kräuter fein hacken. In einer großen Schüssel Eier mit Kurkuma, Pfeffer und Salz schaumig schlagen. Frühlingszwiebeln, geriebene Zwiebel, Kräuter, Hackfleisch und die Reis-Linsen-Mischung zugeben, alles mit der Hand gründlich durchkneten. Falls die Masse zu spröde ist, Wasser zugießen und noch einmal durchkneten. Faustgroße Klöße formen.
In einem Topf 3 EL Öl erhitzen und eine gehackte Zwiebel darin goldbraun braten. Das Tomatenmark zugeben. Mit 3 Tassen Wasser ablöschen, mit Zitronensaft, Pfeffer und Salz abschmecken. Bei schwacher Hitze 10 Minuten kochen.
Die Klöße nacheinander vorsichtig in die Sauce legen und bei kleinstmöglicher Hitze zugedeckt eine bis anderthalb Stunden köcheln.
Auf einer Platte heiß servieren.
Beilagen: Fladenbrot und Joghurt, für Liebhaber des süßsauren Geschmacks auch Konfitüre

Reis-Lamm-Klöße
Kufteh Berendschi

2 Stunden Vorbereitungs- und Kochzeit
für 4 Personen

400 g Hackfleisch vom Lamm
100 g Reis
50 g gelbe Linsen
1 Bund Frühlingszwiebeln
2 Zwiebeln
¼ Bund Petersilie
2 Zweige Pfefferminze
¼ Bund Dill
2 Eier
½ TL Kurkuma
Öl
1 EL Tomatenmark
1 EL Zitronensaft

Gefüllte Reis-Lamm-Klöße

Kufteh Tabrisi

2 Stunden Vorbereitungs- und Kochzeit
für 4 Personen

400 g Hackfleisch vom Lamm
100 g Reis
50 g gelbe Linsen
4 Eier
1 Bund Frühlingszwiebeln
2 Zwiebeln
¼ Bund Petersilie
2 Zweige Pfefferminze
¼ Bund Dill
¼ TL Safran
Öl
1 TL Adwieh (persische Gewürzmischung)
8 getrocknete Pflaumen ohne Kern
8 Walnüsse

◆ Reis und Linsen in Salzwasser 30 Minuten kochen. Anschließend in einem Sieb abtropfen lassen.
Währenddessen zwei Eier hart kochen, pellen und abkühlen lassen. Die Frühlingszwiebeln hacken, eine Zwiebel reiben, die Kräuter fein hacken.
In einer großen Schüssel die restlichen Eier mit dem in 2 EL warmem Wasser aufgelösten Safran, Pfeffer und Salz schaumig schlagen. Frühlingszwiebeln, geriebene Zwiebel, Kräuter, Hackfleisch und die Reis-Linsen-Mischung zugeben, alles mit der Hand gründlich durchkneten. Falls die Masse zu spröde ist, Wasser zugießen und noch einmal durchkneten.
In einem Topf 3 EL Öl erhitzen und eine gehackte Zwiebel darin goldbraun braten. Das Adwieh zugeben. Mit 3 Tassen Wasser ablöschen, mit Pfeffer und Salz abschmecken. Bei schwacher Hitze 10 Minuten kochen.
Die Reis-Fleisch-Masse halbieren und zwei große Klöße formen. Jeden Kloß in zwei Hälften teilen und in deren Mitte Vertiefungen eindrücken. In eine Vertiefung ein hart gekochtes Ei drücken, vier Pflaumen und vier Nüsse um das Ei anordnen. Die zweite Kloßhälfte darauf legen und die Naht vorsichtig verschließen. Mit dem zweiten Kloß ebenso verfahren.
Die Klöße vorsichtig in die Sauce legen und bei kleinstmöglicher Hitze zugedeckt eine bis anderthalb Stunden köcheln.
Auf einer Platte heiß servieren.
Beilagen: Fladenbrot und Joghurt, für Liebhaber des süßsauren Geschmacks auch Konfitüre

Gefüllte Gemüse
Dolmeh

Gefüllte Gemüse sind im Iran, ob kalt oder warm genossen, sehr populär. Sie können auch ohne Fleisch zubereitet werden, wobei die fehlende Fleischmenge durch Reis, Linsen, Kräuter oder Trockenobst ersetzt wird. Vegetarisch zubereitet isst man sie meist als kalte Vorspeise, mit Fleisch heiß und als Hauptgericht. Der Siegeszug der Dolmeh ist türkischen Einflüssen zu verdanken.

Gefüllte Weinblätter
Dolmeh Bargh-e-Mou

2 Stunden Vorbereitungs- und Kochzeit
für 6 Personen

50 eingelegte Weinblätter
100 g Reis
½ Bund Petersilie
½ Bund Dill
3 Zweige Estragon
3 Zweige Pfefferminze
400 g Hackfleisch vom Lamm
3 gehackte kleine Zwiebeln
2 Zitronen (Saft)
Öl
2 EL Zucker
½ TL gemahlener Zimt

Außer im Frühling, wenn es frische Weinblätter gibt, die man 10 Minuten in Salzwasser abkochen muss, verwendet man eingelegte Weinblätter (Seite 157).

◆ Den Reis in Salzwasser 20 Minuten kochen und in einem Sieb abtropfen lassen. Weinblätter in ein Sieb geben, mit kaltem Wasser abspülen und ebenfalls abtropfen lassen. Die Kräuter hacken.
In einer großen Schüssel Hackfleisch, Zwiebeln, Kräuter, Reis, den Saft einer Zitrone, 3 EL Öl, Pfeffer und Salz miteinander vermischen. Jeweils zwei Weinblätter aufeinander legen und je 1 EL Hackfleisch-Mischung in der Mitte einrollen, so dass sich die Enden noch umknicken, also verschließen lassen.
Eine geölte feuerfeste Form mit drei Lagen Weinblättern auslegen und die gefüllten Weinblätter nebeneinander hineinlegen. 2 EL Öl darüber geben und mit einem umgedrehten Teller bedecken – so wird verhindert, dass sich die gefüllten Weinblätter beim Backen öffnen. Die Form ganz mit Aluminiumfolie verschließen, in den vorgeheizten Ofen schieben und bei 150° eine Stunde backen.
Währenddessen in einer kleinen Schüssel Zucker, den Saft einer Zitrone, Zimt, Pfeffer und Salz verrühren. Die Form aus dem Ofen nehmen, Teller und Alufolie entfernen und das Gemisch auf die heißen Weinblätter gießen. Nur mit Alufolie bedeckt weitere 30 Minuten backen. Heiß oder kalt servieren.
Beilagen: Fladenbrot und Joghurt

Gefüllte Auberginen und Paprika

Dolmeh Felfel-e-Sabs wa Bademdschan

für 4 Personen

50 g Reis
50 g gelbe Linsen
2 Auberginen
2 Paprika
4 große Tomaten
1 Bund Frühlingszwiebeln
½ Bund Petersilie
3 Zweige Pfefferminze
3 Zweige Estragon
Öl
1 gehackte Zwiebel
500 g Hackfleisch
vom Lamm
2 EL Tomatenmark
2 EL Zitronensaft
½ TL gemahlener Zimt
1 EL Zucker

◆ Reis und Linsen in Salzwasser 30 Minuten kochen. Anschließend in einem Sieb abtropfen lassen.

Währenddessen die Auberginen 1 cm unter dem Strunk teilen, mit einem spitzen Messer das Innere vorsichtig herausheben, die Deckel zur Seite legen. Salzen und in einem Sieb abtropfen lassen – das Salz entzieht Flüssigkeit und neutralisiert so den bitteren Geschmack.

Die Paprika ebenfalls 1 cm unter dem Strunk teilen, entkernen, die Deckel aufbewahren. In kochendem Salzwasser 3 Minuten blanchieren und in einem Sieb abtropfen lassen.

Die Tomaten 1 cm unter dem Stiel abschneiden. Mit einem Löffel das Innere herausheben und in einem Schüsselchen zur Seite stellen. Die Deckel aufbewahren.

Die Frühlingszwiebeln klein schneiden, die Kräuter hacken. Die Auberginen mit Wasser abspülen und auf saugfähiges Papier legen.

In einer Pfanne 5 EL Öl erhitzen und die Auberginen von allen Seiten darin anbraten. Herausnehmen und die Zwiebel bräunen. Das Hackfleisch zugeben und kurz anbraten. 1 EL Tomatenmark untermischen.

In einer großen Salatschüssel die Reis-Linsen-Mischung, Hackfleisch, Frühlingszwiebeln, Kräuter, Pfeffer und Salz gut vermischen. Auberginen, Paprika und Tomaten mit dieser Mischung füllen und mit den Deckeln verschließen.
Eine feuerfeste Form mit 1 EL Öl auspinseln, Auberginen und Paprika nebeneinander hineinstellen – dabei Platz für die Tomaten lassen, die erst später in den Ofen kommen, da sie eine kürzere Garzeit haben.
In dem Schüsselchen das Tomateninnere mit 1 EL Tomatenmark, 2 EL Öl, Zitronensaft, Zimt und Zucker verrühren. Die Mischung über Auberginen und Paprika gießen. Die Form ganz mit Aluminiumfolie verschließen, in den vorgeheizten Ofen schieben und bei 150° 45 Minuten backen.
Die Form aus dem Ofen nehmen, die Alufolie entfernen und die Tomaten hineinstellen. Alle Gemüse mit der Garflüssigkeit beträufeln. Wieder mit Alufolie bedeckt weitere 30 Minuten backen.
Heiß servieren.
Beilagen: Fladenbrot und Joghurt

Gefüllte Kohlrouladen

Dolmeh-e-Kalam

für 4 Personen

1 Weißkohl
100 g Reis
100 g gelbe Linsen
½ Bund Petersilie
½ Bund Dill
3 Zweige Estragon
3 Zweige Pfefferminze
Öl
1 gehackte Zwiebel
500 g Hackfleisch
vom Lamm
2 EL Tomatenmark
¼ TL gemahlener Zimt
2 EL Zucker
3 EL Essig
½ TL geriebene Muskatnuss

◆ Reis und Linsen in Salzwasser 30 Minuten kochen. Anschließend in einem Sieb abtropfen lassen.
Währenddessen die Weißkohlblätter einzeln vom Strunk abtrennen, waschen und abtropfen lassen. Einen großen Topf mit Salzwasser zum Kochen bringen und die Kohlblätter 5 Minuten darin blanchieren. In einem Sieb abtropfen lassen. Die Kräuter hacken.
In einer Pfanne 2 EL Öl erhitzen und die Zwiebel darin bräunen. Das Hackfleisch hinzugeben und kurz anbraten. 1 EL Tomatenmark untermischen.
In einer großen Schüssel die Reis-Linsen-Mischung, Hackfleisch, Kräuter, Zimt, Pfeffer und Salz gut vermischen. Ein Kohlblatt in die Hand legen und mit 1 EL der Mischung in der Mitte so einrollen, dass sich die Enden noch umknicken, also verschließen lassen. Mit den übrigen Kohlblättern ebenso verfahren.
Eine geölte feuerfeste Form mit drei Lagen Kohlblättern auslegen und die gefüllten Kohlrouladen nebeneinander hineinlegen. 1 EL Tomatenmark in 1 Tasse Wasser auflösen und darüber gießen. Die Form ganz mit Aluminiumfolie verschließen, in den vorgeheizten Ofen schieben und bei 150° 30 Minuten backen.
Währenddessen in einer kleinen Schüssel Zucker, Essig, Muskat, Pfeffer und Salz verrühren. Die Form aus dem Ofen nehmen, die Alufolie entfernen und das Gemisch auf die heißen Weinblätter gießen. Mit Alufolie bedeckt weitere 30 Minten backen.
Heiß servieren.
Beilagen: Fladenbrot und Joghurt

Gefüllte Quitten
Dolmeh-e-Beh

2 Stunden Vorbereitungs- und Kochzeit
für 4 Personen

4 Quitten
50 g gelbe Linsen
Öl
1 gehackte Zwiebel
400 g Hackfleisch vom Lamm
½ EL Tomatenmark
200 ml selbst gemachte Gemüsebrühe
2 EL Zucker
3 EL Essig
¼ TL gemahlener Zimt
¼ TL Safran

◆ Die Quitten waschen und trockentupfen. Jeweils das obere Fünftel samt Stiel abschneiden und zur Seite legen. Mit einem Kugelausstecher das Kerngehäuse entfernen und die Quitten so weit wie möglich aushöhlen. Das Fruchtfleisch klein hacken und aufbewahren.
Die Linsen in Salzwasser 30 Minuten kochen und in einem Sieb abtropfen lassen.
In einer Pfanne 2 EL Öl erhitzen und die Zwiebel darin bräunen. Das Hackfleisch zugeben und kurz anbraten. Tomatenmark, Linsen, das Fruchtfleisch der Quitten, Pfeffer und Salz untermischen. Die Quitten mit dieser Mischung füllen und mit den Deckeln verschließen.
Eine feuerfeste Form mit 1 EL Öl auspinseln und die Quitten nebeneinander hineinstellen. In einer Schüssel die Brühe mit Zucker, Essig, Zimt und dem in 1 EL heißem Wasser aufgelösten Safran verrühren und über die Quitten gießen. Die Form ganz mit Aluminiumfolie verschließen, in den vorgeheizten Ofen schieben und bei 150° eine Stunde backen.
Heiß servieren.
Beilagen: Fladenbrot und Joghurt

Gefüllte Äpfel

Dolmeh-e-Sib

für 4 Personen

8 gleich große Äpfel
100 g gelbe Linsen
Öl
1 gehackte Zwiebel
400 g Hackfleisch
vom Lamm
½ EL Tomatenmark
2 EL Zucker
4 EL Zitronensaft
¼ TL gemahlener Zimt

◆ Jeweils das obere Fünftel der Äpfel samt Stiel abschneiden und zur Seite legen. Mit einem Kugelausstecher das Kerngehäuse entfernen und die Äpfel so weit wie möglich aushöhlen. Das Fruchtfleisch klein hacken und aufbewahren.
Die Linsen in Salzwasser 30 Minuten kochen und in einem Sieb abtropfen lassen.
In einer Pfanne 2 EL Öl erhitzen und die Zwiebel darin bräunen. Das Hackfleisch zugeben und kurz anbraten. Tomatenmark, Linsen, das Fruchtfleisch der Äpfel, Pfeffer und Salz untermischen. Die Äpfel mit dieser Mischung füllen und mit den Deckeln verschließen.
Eine feuerfeste Form mit 1 EL Öl auspinseln und die Äpfel nebeneinander hineinstellen. In einer Schüssel ½ Tasse Wasser mit Zucker, Zitronensaft, Zimt, Pfeffer und Salz verrühren und über die Äpfel gießen. Die Form ganz mit Aluminiumfolie verschließen, in den vorgeheizten Ofen schieben und bei 150° 30 Minuten backen.
Heiß servieren.
Beilagen: Fladenbrot und Joghurt

Genuss für Augen und Gaumen: Gewürze und Granatäpfel auf iranischen Märkten.

Fischhändler auf dem Markt von Teheran.

Metzgerwaren auf dem Markt von Teheran.

Gefüllte Kartoffeln

Dolmeh-e-Sib Samini

für 4 Personen

4 große Kartoffeln
Öl
3 Zweige Estragon
1 hart gekochtes Ei
1 gehackte Zwiebel
200 g Hackfleisch
vom Lamm
3 TL Tomatenmark
¼ TL gemahlener Zimt

◆ Die Kartoffeln schälen. Jeweils das obere Fünftel abschneiden und zur Seite legen. Mit einem Kugelausstecher die Kartoffeln von innen aushöhlen, bis die Wände etwa 1 cm dick sind.
In einer Pfanne 2 EL Öl erhitzen und die Kartoffeln von allen Seiten darin anbraten. Auf einen Teller legen.
Den Estragon hacken, das Ei klein reiben.
Die Zwiebel in derselben Pfanne bräunen, das Hackfleisch zugeben und kurz anbraten. 2 TL Tomatenmark, Estragon, Ei, Zimt, Pfeffer und Salz untermischen. Die Kartoffeln mit dieser Mischung füllen und mit den Deckeln verschließen.
Eine feuerfeste Form mit 1 EL Öl auspinseln und die Kartoffeln nebeneinander hineinstellen. In einer Schüssel ½ Tasse Wasser mit 1 TL Tomatenmark, Pfeffer und Salz verrühren und über die Kartoffeln gießen. Die Form ganz mit Aluminiumfolie verschließen, in den vorgeheizten Ofen schieben und bei 150° 50 Minuten backen.
Heiß servieren.
Beilagen: Fladenbrot, eingelegtes Gemüse, frische Kräuter und Joghurt

Gefülltes Hähnchen
Dolmeh Morgh

2 Stunden Vorbereitungs- und Kochzeit
für 4 Personen

1 Hähnchen
1 Apfel
Öl
1 gehackte Zwiebel
2 Knoblauchzehen
100 g getrocknete Pflaumen
100 g getrocknete Aprikosen
50 g Rosinen
¼ TL Safran
½ TL gemahlener Zimt
20 g Butter
1 Zitrone

◆ Das Hähnchen gründlich waschen, mit einem Küchentuch abtrocknen, innen und außen salzen. Den Apfel schälen und klein schneiden.
In einer Pfanne 3 EL Öl erhitzen und die Zwiebel darin bräunen. Zerdrückten Knoblauch hinzufügen und kurz anbraten. Trockenfrüchte, Apfel, den in 1 EL heißem Wasser aufgelösten Safran, Zimt, Pfeffer und Salz untermischen.
Das Hähnchen mit dieser Mischung füllen, zunähen und mit zerlassener Butter bestreichen.
In eine feuerfeste Form geben, in den vorgeheizten Ofen schieben und bei 150° anderthalb bis zwei Stunden garen. Dabei immer wieder die Garflüssigkeit mit einem Löffel über das Hähnchen verteilen.
Mit Zitronenscheiben garnieren.
Beilagen: Reis oder Fladenbrot

Fischgerichte
Mahi

Fische aus dem Kaspischen Meer und dem Persischen Golf, aus Süßwasserseen und Flüssen werden im Iran gekocht, geräuchert, besonders gern aber über glühender Holzkohle gegrillt.

Ein einfacher Grillrost hat den Nachteil, dass die Fischhaut leicht anklebt und beim Anheben zerreißt. Das regelmäßige Wenden und Bestreichen der Fische mit Sauce ist jedoch unerlässlich, damit sie nicht trocken schmecken.

Daher benutzt man im Iran – abgesehen von den normalen kleinen Spießen, auf die man zumindest das in Würfel geschnittene Fischfilet stecken kann – spezielles Grillwerkzeug: zum einen eine Art Doppelrost, in dem der ausgenommene Fisch aufgeklappt fixiert werden kann; zum anderen eine Art Zange, die den Fisch längs über Rücken und ausgenommenem Bauch festhält, wobei die Seiten mit sechs seitlich eingeführten Spießen hochgesteckt werden.

Gegrillter Barsch
Kabab-e-Mahi Sefid

für 2 Personen

1 Barsch
Zitronensaft

◆ Den Barsch aufschneiden, ausnehmen und gründlich waschen. Mit einem Küchentuch trockentupfen und aufgeklappt in dem speziellen Fischrost fixieren.
Zunächst den Rücken über der glühenden Holzkohle angrillen, so dass man die Haut leicht abziehen kann. Salzen und mit Zitronensaft bestreichen. Nun die Innenseite angrillen, salzen und mit Zitronensaft bestreichen. Danach den Fisch etwa 15 Minuten lang regelmäßig wenden, dabei jedes Mal neuen Zitronensaft aufpinseln.
Beilagen: Reis, frische Kräuter, eingelegtes Gemüse sowie gegrillte Tomaten, Paprika und Frühlingszwiebeln

Stör-Spieß
Kabab-e-Uson-Boron

für 6 Personen

1½ kg Filet vom Stör
3 Zwiebeln
3 EL Bitterorangen-Konzentrat
50 g Tomatenmark

◆ Den Fisch in 4 mal 4 cm große Würfel schneiden und auf Spieße stecken.
Die Zwiebeln reiben und mit Bitterorangen-Konzentrat, Tomatenmark und Salz verrühren. Mit einem Pinsel von allen Seiten auf den Fisch auftragen.
Den Fisch grillen, bis er gut durch ist. Bei jedem Wenden neue Sauce auftragen.
Beilage: Fladenbrot

Gefüllter Fisch mit Kräutern

Dolmeh-e-Mahi

für 4 Personen

4 Fische (Forelle, Makrele, Seewolf) oder 1 großer Fisch
½ Bund Petersilie
4 Zweige Estragon
2 Zweige Basilikum
4 Korianderzweige
3 Zweige Pfefferminze
Öl
½ TL Kurkuma
2 Knoblauchzehen
1 EL Granatapfel-Konzentrat oder Tamarindensirup
1 Zitrone

◆ Die Fische ausnehmen, vorsichtig waschen und mit einem Küchentuch trockentupfen. Die Kräuter hacken.

In einer Pfanne 3 EL Öl erhitzen und die Kräuter darin kurz anbraten. Kurkuma und zerdrückten Knoblauch zugeben, 1 Minute erhitzen. Granatapfel-Konzentrat, Pfeffer und Salz untermischen.

Die Fische mit der Mischung füllen und mit Küchengarn zunähen. Eine feuerfeste Form mit 1 EL Öl auspinseln und die Fische hineinlegen. Die Form in den vorgeheizten Ofen schieben und bei 180° 40 Minuten backen. Dabei zwei- bis dreimal die Garflüssigkeit mit einem Löffel über die Fische verteilen, damit sie nicht trocken werden.

Mit Zitronenscheiben garnieren.

Beilage: Reis oder Fladenbrot

Gefüllter Barsch
Mahi-Sefid-e-Chekam-Por

für 4 Personen

1 Barsch
100 g getrocknete Pflaumen ohne Kern
100 g getrocknete Aprikosen ohne Kern
100 g gemahlene Walnüsse
100 g kernlose Rosinen
2 EL Granatapfel-Konzentrat
20 g Butter
½ TL Safran
1 EL Zitronensaft
1 Zitrone

◆ Den Barsch aufschneiden, ausnehmen und gründlich waschen. Mit einem Küchentuch trockentupfen, innen und außen salzen. Die Trockenfrüchte klein schneiden.
Trockenfrüchte, Nüsse, Rosinen, Granatapfel-Konzentrat, Pfeffer und Salz vermischen. Den Fisch mit dieser Mischung füllen und mit Küchengarn zunähen. In eine eingefettete feuerfeste Form legen, die Form in den vorgeheizten Ofen schieben und bei 150° 50 Minuten garen.
Zerlassene Butter mit dem in 1 EL heißem Wasser aufgelösten Safran und Zitronensaft vermischen, über den Fisch träufeln. Die Form erneut in den Ofen schieben und 10 Minuten backen.
Mit Zitronenscheiben garnieren.
Beilage: Reis oder Fladenbrot

Gebratener Salzfisch
Mahi-Schur-Sorchkardeh

für 4 Personen

400 g Mahi-Schur
2 große Zwiebeln
Öl
¼ TL Kurkuma
¼ TL mildes oder scharfes Paprikapulver

Mahi-Schur-Sorchkardeh ist eine sehr beliebte Beilage zu Khorescht- und Tschello-Gerichten.

◆ In einem Topf 1 l Wasser zum Kochen bringen. Den Fisch hineingeben und bei kleinstmöglicher Hitze 5 Minuten köcheln, um ihm das Salz zu entziehen. In ein Sieb geben, abkühlen lassen und entgräten. Die Zwiebeln in feine Ringe schneiden.
In einer Pfanne 3 EL Öl erhitzen und die Zwiebelringe darin bräunen. Kurkuma zugeben und kurz braten. Fisch und Paprika beifügen und bei mittlerer Hitze 4 Minuten anbraten.
Beilagen: Brot und frische Kräuter

Fischfilet mit jungem Knoblauch

Mahi-e-Sir-Dargh

für 4 Personen

500 g Fischfilet
3 EL Öl
2 Bund junger Knoblauch
½ TL Kurkuma
2 EL Mehl
2 EL Bitterorangen-Konzentrat

◆ Den Fisch in 3 mal 3 cm große Würfel schneiden und salzen. In einer Pfanne Öl erhitzen und den Fisch von allen Seiten darin gut anbraten. Auf einen Teller legen.

Den Knoblauch in einem Mixer fein hacken und im gleichen Öl kurz anbraten. Kurkuma und Pfeffer zugeben, ebenfalls kurz anbraten.

In einem Topf 3 Glas Wasser und Mehl verrühren, das Bitterorangen-Konzentrat, Pfeffer und Salz beifügen. Bei mittlerer Hitze langsam zum Kochen bringen und regelmäßig umrühren, damit nichts anbrennt. Die Knoblauch-Mischung hinzugeben und alles bei kleinstmöglicher Hitze zugedeckt 20 Minuten köcheln.

Die Fischstücke in die Sauce geben und zugedeckt nochmals 10 Minuten köcheln.

Beilage: Reis oder Fladenbrot

Gefüllter Subuhr
Subuhr-e-Tanuri

für 2 Personen

1 Subuhr oder anderer dickbauchiger Fisch
½ Bund Koriander
½ Bund Petersilie
Öl
2 gehackte Frühlingszwiebeln
3 Knoblauchzehen
1 TL Kurkuma
1 TL scharfes Paprikapulver
3 EL Tamarindensirup
1 EL Zucker

Der Subuhr-e-Tanuri ist eine Spezialität Südirans, die beim traditionellen Picknick am 13. Tag der Neujahrsfeiern gegessen wird. Wegen seiner vielen Gräten isst man ihn vorsichtshalber meist mit den Händen.

◆ Den Fisch aufschneiden, ausnehmen und gründlich waschen. Mit einem Küchentuch trockentupfen, innen und außen salzen. 30 Minuten in den Kühlschrank stellen, erneut abspülen und trocknen. Die Kräuter fein hacken.
In einer Pfanne 2 EL Öl erhitzen, Kräuter mit Zwiebeln und Knoblauch 10 Minuten darin braten. Kurkuma, Paprika und Salz zugeben, 1 Minute weiterbraten. Die Pfanne vom Herd nehmen, den Tamarindensirup untermischen, abkühlen lassen.
Den Fisch mit dieser Mischung füllen, mit Küchengarn zunähen und in eine eingefettete feuerfeste Form legen.
In einem kleinen Topf den Zucker bräunen und mit ½ Tasse Wasser aufkochen. Den Fisch mit Karamell bestreichen, die Form in den vorgeheizten Ofen schieben und bei 220° 25 Minuten backen.

Gebratener Lachs
Mahi-e-Sorkhkardeh

für 4 Personen

4 Scheiben Lachs
3 EL Öl
1 Bitterorange oder
Zitrone (Saft)

◆ Den Fisch waschen, mit einem Küchentuch trockentupfen, salzen und pfeffern.
In einer Pfanne Öl stark erhitzen und die Lachsscheiben von beiden Seiten darin goldbraun braten.
Auf einen Teller legen und mit Bitterorangensaft beträufeln.
Beilagen: Dicke-Bohnen-Reis (Seite 84), Kräuterreis (Seite 89) oder einfacher Reis – im Norden auch Frikadellen mit Bohnen (Seite 58)

Fleisch-Eintöpfe mit Gemüse
Khorescht

Lamm-Eintopf mit Auberginen

Khorescht-e-Bademdschan

2 Stunden Vorbereitungs- und Kochzeit
für 4 Personen

500 g Lammfleisch ohne Knochen
4 Auberginen
2 große Tomaten
Öl
2 gehackte Zwiebeln
½ TL gemahlener Zimt
½ TL Kurkuma
1 EL Tomatenmark
4 Limo Amani (getrocknete Limonen)

◆ 30 Minuten vor dem Braten die Auberginen schälen, längs in vier Scheiben schneiden, salzen und in einem Sieb abtropfen lassen – das Salz entzieht Flüssigkeit und neutralisiert so den bitteren Geschmack, zudem benötigt man beim Braten weniger Öl. Die Tomaten kurz in heißem Wasser abschrecken, häuten und klein schneiden.
Das Fleisch abspülen, in einem Küchentuch abtrocknen und in Würfel schneiden. In einem Topf 2 EL Öl erhitzen und das Fleisch bei starker Hitze darin scharf anbraten. Die Zwiebeln mit Zimt, Kurkuma, Pfeffer und Salz zugeben und bei schwacher Hitze etwa 10 Minuten weiterbraten. Tomaten, Tomatenmark, 2 Tassen Wasser und die mit einem spitzen Messer von allen Seiten angeritzten Limonen beifügen. Alles zum Kochen bringen und bei schwacher Hitze zugedeckt anderthalb Stunden köcheln.
Währenddessen die Auberginenscheiben mit kaltem Wasser abspülen und auf saugfähiges Papier legen. In einer großen Pfanne 4 EL Öl erhitzen und die ersten Scheiben von beiden Seiten goldbraun braten. Mit den übrigen Auberginen auf gleiche Weise verfahren, dabei jedes Mal Öl nachgießen. Die fertigen Scheiben auf saugfähigem Papier abtropfen lassen.
Nun gibt es zwei Möglichkeiten: Entweder die Auberginen zur Fleischsauce geben, nochmals mit Pfeffer und Salz abschmecken und alles 10 Minuten köcheln. Oder die Fleischsauce in eine Terrine geben, die Auberginen darauf legen, mit Aluminiumfolie zudecken und alles im vorgeheizten Ofen bei 110° 30 Minuten garen. In beiden Fällen überschüssiges Fett von der Sauce abschöpfen.
Beilagen: Reis, frische Kräuter und eingelegtes Gemüse

Lamm-Eintopf mit Quitten
Khorescht-e-Beh

2 Stunden Vorbereitungs- und Kochzeit
für 4 Personen

500 g Lammfleisch ohne Knochen
Öl
2 gehackte Zwiebeln
¼ TL Safran
2 große Quitten
1 EL Tomatenmark
4 EL Zitronensaft
1 EL Zucker
¼ TL gemahlener Zimt

◆ Das Fleisch in gulaschgroße Würfel schneiden, abspülen und abtropfen lassen.
In einem Topf 2 EL Öl erhitzen und die Zwiebeln darin goldbraun braten. Das Fleisch hinzugeben und bei starker Hitze 5 Minuten anbraten. Den in 2 Tassen heißem Wasser aufgelösten Safran zum Fleisch geben und alles bei schwacher Hitze zugedeckt eine Stunde köcheln.
Währenddessen die Quitten schälen, mit einem Kugelausstecher die Kerngehäuse entfernen und die Früchte in Ringe schneiden. In einer Pfanne 2 EL Öl erhitzen und die Quitten von beiden Seiten darin goldbraun braten.
Tomatenmark, Zitronensaft, Zucker, Zimt, Pfeffer und Salz zum Fleisch geben und alles bei schwacher Hitze zugedeckt weitere 20 Minuten köcheln.
Die Quitten in den Topf geben und zugedeckt erneut 15 Minuten köcheln.
Vor dem Servieren noch einmal abschmecken.
Beilagen: Reis, frische Kräuter und eingelegtes Gemüse

Variante:
Die Quitten durch 4 Äpfel ersetzen.

Lamm-Eintopf mit Kartoffeln

Khorescht-e-Ghemeh

für 4 Personen

400 g Lammfleisch ohne Knochen
150 g gelbe Linsen
400 g Kartoffeln
Öl
2 gehackte Zwiebeln
¼ TL Kurkuma
¼ TL Safran
1 EL Tomatenmark
4 Limo Amani (getrocknete Limonen) oder 4 EL Zitronensaft
½ TL Adwieh (persische Gewürzmischung)
½ TL gemahlener Zimt

◆ Die Linsen in einem Topf mit lauwarmem Wasser 30 Minuten einweichen. Das Fleisch in 2 mal 2 cm große Würfel schneiden, abspülen und abtropfen lassen. Die Kartoffeln schälen und in Stifte schneiden.
In einem Topf 2 EL Öl erhitzen und die Zwiebeln darin bräunen. Das Fleisch zugeben und bei starker Hitze 6 Minuten braten. Kurkuma kurz anbraten, den in 2 Tassen heißem Wasser aufgelösten Safran und Tomatenmark hinzugeben. Alles zum Kochen bringen und bei schwacher Hitze zugedeckt 30 Minuten köcheln.
Die mit einem spitzen Messer von allen Seiten angeritzten Limonen, Adwieh, Zimt und Linsen unterrühren, zum Kochen bringen und bei schwacher Hitze weitere 30 Minuten köcheln.
15 Minuten vor dem Servieren in einer Pfanne reichlich Öl erhitzen und die Kartoffeln darin knusprig braten.
Den Eintopf in eine Schüssel geben und die Kartoffeln darauf verteilen.
Beilagen: Reis, frische Kräuter und eingelegtes Gemüse

Enten-Eintopf in Walnuss-Granatapfel-Sauce

Khorescht-e-Fessendschan

2 Stunden Vorbereitungs- und Kochzeit
für 4 Personen

1 Ente
2 EL Öl
2 gehackte kleine Zwiebeln
200 g fein gemahlene Walnüsse
3 Tassen heißes Wasser
¼ TL Safran
2 EL Granatapfel-Konzentrat
2 EL Zitronensaft
1-2 TL Zucker
½ TL Adwieh (persische Gewürzmischung)
nach Geschmack:
1-2 TL gemahlener Zimt

◆ Die Ente in acht Stücke zerteilen, waschen und mit einem Küchentuch trockentupfen.
In einem Topf Öl erhitzen und die Fleischstücke bei starker Hitze goldbraun braten. Auf einen Teller legen. Im gleichen Fett die Zwiebeln goldbraun dünsten. Die Nüsse zugeben und unter ständigem Rühren etwa 4 Minuten rösten, so dass sie ihren bitteren Geschmack verlieren.
Das Wasser mit Safran, Granatapfel-Konzentrat, Zitronensaft, Zucker, Adwieh und Zimt verrühren und untermischen. Mit Pfeffer und Salz würzen. Alles zum Kochen bringen und bei schwacher Hitze zugedeckt 30 Minuten köcheln. Die Geflügelstücke zugeben und zugedeckt erneut eine Stunde köcheln.
½ Tasse kaltes Wasser in die Sauce geben, so dass das Walnuss-Fett an die Oberfläche steigt und abgeschöpft werden kann. Ohne Deckel noch einmal 10 Minuten köcheln.
Beilagen: Reis, Berberitze, Rosinen und frische Kräuter

Variante:
Die Ente durch Hähnchen ersetzen.

Lamm-Eintopf mit Sellerie
Khorescht-e-Karafs

für 4 Personen

400 g Lammfleisch (Schulter)
1 Bund Bleichsellerie
½ Bund Petersilie
½ Bund Pfefferminze
Öl
2 gehackte Zwiebeln
½ TL Kurkuma
4 EL Zitronensaft oder 4 Limo Amani (getrocknete Limonen)

◆ Das Fleisch abspülen, in einem Küchentuch abtrocknen und in acht Stücke schneiden. Den Sellerie in 3 cm lange Stücke schneiden, die Kräuter hacken.
In einem Topf 2 EL Öl erhitzen und die Zwiebeln darin bräunen. Das Fleisch zugeben und bei starker Hitze etwa 7 Minuten anbraten. Mit Kurkuma, Pfeffer und Salz würzen, 1 weitere Minute braten. Mit 2 Tassen Wasser ablöschen und bei mittlerer Hitze zugedeckt 30 Minuten köcheln.
In einer Pfanne 2 EL Öl erhitzen, Sellerie und Kräuter darin kurz anbraten. Zur Fleischsauce geben, gut umrühren. Zitronensaft oder die mit einem spitzen Messer von allen Seiten angeritzten Limonen beifügen und alles zugedeckt weitere 45 Minuten köcheln.
Mit Zitronensaft, Pfeffer und Salz abschmecken.
Beilagen: Reis, frische Kräuter und eingelegtes Gemüse

Lamm-Eintopf in Spinat mit Mirabellen
Khorescht-e-Esfenadsch-Wa-Alu

2 Stunden Vorbereitungs- und Kochzeit
für 4 Personen

400 g Lammfleisch ohne Knochen
Öl
2 gehackte kleine Zwiebeln
1 Bund Lauchzwiebeln
400 g Spinat
200 g Alu (getrocknete Mirabellen) oder getrocknete Pflaumen
2 EL Zitronensaft

◆ Das Fleisch abspülen, in einem Küchentuch abtrocknen und in vier Stücke schneiden.
In einem Topf 2 EL Öl erhitzen und die Zwiebeln darin bräunen. Das Fleisch hinzufügen und bei starker Hitze 5 Minuten braten. 2 Tassen Wasser, Pfeffer und Salz hinzugeben. Alles zum Kochen bringen und bei schwacher Hitze eine Stunde köcheln.
Währenddessen die Lauchzwiebeln grob hacken, den Spinat waschen und in einem Sieb abtropfen lassen, die Mirabellen entkernen. In einer Pfanne 2 EL Öl erhitzen, Lauchzwiebeln und Spinat 5 Minuten darin anbraten. Mit den Mirabellen zum Fleisch geben, mit Zitronensaft, Pfeffer und Salz abschmecken und alles bei schwacher Hitze zugedeckt weitere 30 Minuten köcheln.
Beilagen: Reis, frische Kräuter und eingelegtes Gemüse

Hammel-Eintopf mit Staudenkardone

Khorescht-e-Kangar

2 Stunden Vorbereitungs- und Kochzeit
für 4 Personen

400 g Hammelfleisch (Schulter)
Öl
2 fein gehackte Zwiebeln
¼ TL Safran
1 Bund Staudenkardonen
½ Bund Petersilie
¼ Bund Pfefferminze
4 EL Zitronensaft

◆ Das Fleisch abspülen, in einem Küchentuch abtrocknen und in vier Stücke schneiden.
In einem Topf 2 EL Öl erhitzen und die Zwiebeln darin bräunen. Das Fleisch zugeben und bei starker Hitze 5 Minuten anbraten. Den in 1 EL heißem Wasser aufgelösten Safran, Pfeffer und Salz in den Topf geben. Alles zum Kochen bringen und bei schwacher Hitze eine Stunde köcheln.
Währenddessen die Kardonen waschen, die Köpfe mit einem scharfen Messer abtrennen, Haut und Fasern abziehen und die Stiele in 5 cm lange Stücke schneiden. Diese in Wasser legen, da die Kardonen sonst rasch braun werden. Petersilie und Minze klein schneiden. In einer Pfanne 2 EL Öl erhitzen und alles unter ständigem Rühren etwa 7 Minuten darin braten.
Die Kardone-Kräuter-Mischung zum Fleisch geben und verrühren. Mit Zitronensaft, Pfeffer und Salz abschmecken und alles zugedeckt weitere 30 Minuten köcheln.
Beilagen: Reis, frische Kräuter und eingelegtes Gemüse

Hähnchen-Eintopf mit Bitterorangen und Kräutern

Khorescht-e-Morgh-e-Torsch

2 Stunden Vorbereitungs- und Kochzeit
für 4 Personen

1 Hähnchen
Öl
50 g gelbe Linsen
½ Bund Petersilie
½ Bund Koriander
¼ Bund Pfefferminze
3 Knoblauchzehen
2 EL Reismehl
4 EL Bitterorangen-Konzentrat
3 EL Zitronensaft
4 Eier

◆ Das Hähnchen in kleine Stücke zerteilen, abspülen und in einem Küchentuch abtrocknen.
In einem Topf 2 EL Öl erhitzen und das Fleisch bei starker Hitze darin anbraten. Linsen und 2 Tassen Wasser zugeben, mit Pfeffer und Salz abschmecken. Alles zum Kochen bringen und bei schwacher Hitze eine Stunde köcheln.
Währenddessen die Kräuter hacken. In einer Pfanne 2 EL Öl erhitzen, Kräuter und zerdrückten Knoblauch unter ständigem Rühren 5 bis 10 Minuten darin braten. Zum Hähnchen geben und zugedeckt weitere 30 Minuten köcheln.
Das Reismehl in ½ Tasse kaltem Wasser auflösen und unter ständigem Rühren langsam zugeben. Bitterorangen-Konzentrat und Zitronensaft unterrühren, weitere 20 Minuten köcheln, noch einmal gut umrühren.
Kurz vor dem Servieren in einer Schüssel die Eier schaumig schlagen und in die Sauce gießen. Gründlich umrühren und ohne Deckel nochmals 5 Minuten köcheln.
Beilage: geräucherter oder frisch gebratener Fisch

Lamm-Eintopf mit Rhabarber

Khorescht-e-Riwass

2 Stunden Vorbereitungs- und Kochzeit
für 4 Personen

500 g Lammfleisch ohne Knochen
Öl
2 gehackte große Zwiebeln
500 g Rhabarber
½ Bund Petersilie
½ Bund Pfefferminze
½ TL Adwieh (persische Gewürzmischung)
2 EL Zucker

◆ Das Fleisch abspülen, in einem Küchentuch abtrocknen und in fünf Stücke schneiden.
In einem Topf 2 EL Öl erhitzen und das Fleisch mit den Zwiebeln bei starker Hitze 7 bis 10 Minuten darin anbraten. Mit 2 Tassen Wasser ablöschen, zum Kochen bringen und bei mittlerer Hitze zugedeckt eine Stunde köcheln.
Den Rhabarber schälen, die Fasern abziehen, die Stangen in 3 cm lange Stücke schneiden und waschen. Die Kräuter hacken.
In einer Pfanne 2 EL Öl erhitzen und die Kräuter unter ständigem Rühren 10 Minuten darin braten. Zum Fleisch geben, mit Adwieh, Pfeffer und Salz würzen, den Zucker hinzufügen und zugedeckt weitere 20 Minuten köcheln.
Den Rhabarber hinzufügen und zugedeckt nochmals 15 Minuten köcheln.
Beilagen: Reis, frische Kräuter und eingelegtes Gemüse

Lamm-Eintopf in Kräutersauce

Khorescht-e-Ghormeh-Sabsi

2 Stunden einweichen
2 Stunden Vorbereitungs- und Kochzeit
für 4 Personen

500 g Lammfleisch ohne Knochen
100 g getrocknete rote Bohnen
80 g Kräutermischung
Öl
2 gehackte Zwiebeln
½ TL Kurkuma
4 Limo Amani (getrocknete Limonen)
2 EL Zitronensaft

◆ Die Bohnen in 1 l Wasser zwei Stunden einweichen. Die Kräutermischung in 2 Tassen Wasser ebenfalls zwei Stunden einweichen, gelegentlich umrühren. Dann beides in einem Sieb abtropfen lassen.

Das Fleisch abspülen, in einem Küchentuch abtrocknen und in acht Stücke schneiden.

In einem Topf 2 EL Öl erhitzen, Fleisch mit Zwiebeln, Kurkuma, Pfeffer und Salz bei starker Hitze darin anbraten. Mit 2 Tassen Wasser ablöschen und zum Kochen bringen. Bohnen und die mit einem spitzen Messer von allen Seiten angeritzten Limonen zugeben. Umrühren, nochmals aufkochen und alles bei schwacher Hitze zugedeckt 30 Minuten köcheln.

Währenddessen in einer Pfanne 3 EL Öl erhitzen und die Kräuter bei schwacher Hitze langsam und unter gelegentlichem Rühren braten. Mit 2 Tassen Wasser, Pfeffer, Salz und Zitronensaft in die Fleischsauce geben. Abschmecken und bei schwacher Hitze zugedeckt eine Stunde köcheln.

Vor dem Servieren nochmals abschmecken.

Beilagen: Reis, frische Kräuter und eingelegtes Gemüse

Lamm-Eintopf mit Pfirsichen
Khorescht-e-Houlou

2 Stunden Vorbereitungs- und Kochzeit
für 4 Personen

400 g Lammfleisch ohne Knochen
Öl
2 gehackte Zwiebeln
2 EL gehackte Petersilie
1 TL frische Pfefferminze
1 TL Adwieh (persische Gewürzmischung)
1 EL Zucker
¼ TL gemahlener Zimt
1 Zitrone (Saft)
4 feste Pfirsiche

◆ Das Fleisch abspülen, in einem Küchentuch abtrocknen und in acht Würfel schneiden.
In einem Topf 3 EL Öl erhitzen und die Zwiebeln darin bräunen. Das Fleisch zugeben und bei starker Hitze anbraten. Mit 2 Tassen Wasser ablöschen und bei schwacher Hitze zugedeckt eine Stunde köcheln.
Währenddessen die Kräuter hacken. In einer Pfanne 1 EL Öl erhitzen und die Kräuter darin anbraten. Mit Adwieh, Zucker, Zimt, Pfeffer, Salz und Zitronensaft in den Topf geben. Alles bei schwacher Hitze erneut 30 Minuten köcheln.
Währenddessen die Pfirsiche schälen und in 1 cm dicke Ringe schneiden. In einer Pfanne 2 EL Öl erhitzen und die Ringe von beiden Seiten darin anbraten.
Kurz vor dem Servieren abschmecken, die Pfirsiche zugeben und nochmals 5 Minuten köcheln.
Beilagen: Reis, frische Kräuter und eingelegtes Gemüse

Lamm- oder Hammel-Eintopf mit Okraschoten

Khorescht-e-Bamieh

2 Stunden Vorbereitungs- und Kochzeit
für 4 Personen

500 g Lamm- oder Hammelfleisch ohne Knochen
Öl
2 gehackte kleine Zwiebeln
500 g Okraschoten
1 EL Tomatenmark
2 EL Zitronensaft

◆ Das Fleisch abspülen, in einem Küchentuch abtrocknen und in acht Würfel schneiden.
In einem Topf 2 EL Öl erhitzen und die Zwiebeln darin bräunen. Das Fleisch zugeben und bei starker Hitze anbraten. Mit 2 Tassen Wasser ablöschen und bei schwacher Hitze zugedeckt eine Stunde köcheln.
Währenddessen die Spitzen der Okras mit einem Messer abschneiden. Die Okras in einen Topf mit kochendem Salzwasser geben und 10 Minuten kochen. In einem Sieb abtropfen lassen.
Okras, Tomatenmark und Zitronensaft zum Fleisch geben, mit Pfeffer und Salz würzen und alles bei schwacher Hitze weitere 15 bis 20 Minuten köcheln.
Vor dem Servieren nochmals abschmecken.
Beilagen: Reis, frische Kräuter und eingelegtes Gemüse

◆ Das Fleisch abspülen, in einem Küchentuch abtrocknen und in acht Würfel schneiden.
In einem Topf 2 EL Öl erhitzen und die Zwiebeln bei mittlerer Hitze 5 Minuten darin bräunen. Das Fleisch zugeben und bei starker Hitze 5 Minuten anbraten. Mit 2 Tassen Wasser ablöschen und bei schwacher Hitze zugedeckt anderthalb Stunden köcheln.
Währenddessen den Kürbis schälen und in 4 mal 4 cm große Würfel schneiden. In einer Pfanne 2 EL Öl erhitzen und den Kürbis 5 Minuten darin braten. Zur Seite stellen.
Den in Wasser aufgelösten Safran mit Zitronensaft, Granatapfel-Konzentrat, Pflaumen, Zucker, Zimt, Pfeffer und Salz in den Topf geben und alles bei schwacher Hitze zugedeckt weitere 20 Minuten köcheln.
Den Kürbis hinzugeben und zugedeckt erneut 30 Minuten köcheln.
Vor dem Servieren nochmals abschmecken.
Beilagen: Reis, frische Kräuter und eingelegtes Gemüse

Lamm-Eintopf mit Kürbis und Pflaumen
Khorescht-e-Kadu

2-3 Stunden Vorbereitungs- und Kochzeit
für 4 Personen

500 g Lammfleisch ohne Knochen
Öl
2 gehackte große Zwiebeln
1 kg Kürbis
½ Tasse heißes Wasser
¼ TL Safran
4 EL Zitronensaft
1 EL Granatapfel-Konzentrat
100 g getrocknete Pflaumen ohne Kern
1 EL Zucker
½ TL gemahlener Zimt

Hähnchen-Eintopf in Joghurtsauce
Khorescht-e-Mast

für 4 Personen

1 Hähnchen
1 Stange Bleichsellerie
2 EL Öl
2 gehackte große Zwiebeln
500 g Joghurt
¼ TL Safran
1 TL Adwieh (persische Gewürzmischung)
20 g Mandelsplitter
20 g Rosinen

◆ Das Hähnchen in kleine Stücke zerlegen. Den Sellerie klein schneiden.
In einem Topf Öl erhitzen und das Fleisch mit den Zwiebeln 10 Minuten darin anbraten. Den Sellerie zugeben und kurz anbraten. Mit 1 Tasse Wasser ablöschen, zum Kochen bringen und bei schwacher Hitze eine Stunde köcheln.
Währenddessen in einer Salatschüssel den Joghurt mit dem in 1 EL heißem Wasser aufgelösten Safran verrühren. Mit Adwieh, Pfeffer und Salz würzen, mit einer Gabel kräftig schlagen.
Wenn die Hähnchenstücke gar sind, die Joghurt-Mischung in den Topf geben und alles bei schwacher Hitze unter regelmäßigem Rühren weitere 10 Minuten köcheln.
Abschmecken, mit Mandelsplittern und Rosinen garnieren.
Beilagen: Reis, frische Kräuter und eingelegtes Gemüse

Hammel-Eintopf mit Stangenbohnen
Khorescht-e-Loubia-Sabs

2 Stunden Vorbereitungs- und Kochzeit
für 4 Personen

400 g Hammelfleisch ohne Knochen
Öl
2 gehackte Zwiebeln
400 g Stangenbohnen
1 EL Tomatenmark
2 EL Zitronensaft
½ TL Adwieh (persische Gewürzmischung)

◆ Das Fleisch in gulaschgroße Würfel schneiden, abspülen und abtropfen lassen.
In einem Topf 3 EL Öl erhitzen und das Fleisch mit den Zwiebeln 10 Minuten darin anbraten. Mit 2 Tassen Wasser ablöschen, zum Kochen bringen und bei schwacher Hitze zugedeckt eine Stunde köcheln.
Währenddessen die Bohnen in 2 cm lange Stücke schneiden, waschen und in einem Sieb abtropfen lassen. In einer Pfanne 2 EL Öl erhitzen und die Bohnen darin anbraten. Mit Tomatenmark, Zitronensaft, Adwieh, Pfeffer und Salz in den Fleischtopf geben und alles bei schwacher Hitze weitere 30 bis 45 Minuten köcheln.
Vor dem Servieren nochmals mit Pfeffer, Salz und Zitronensaft abschmecken.
Beilagen: Reis, frische Kräuter und eingelegtes Gemüse

Lamm-Eintopf mit Spinat
Khorescht-e-Sak

für 4 Personen

400 g Hackfleisch vom Lamm
1 Zwiebel
Öl
400 g Spinat
½ Bund Petersilie
½ TL Safran
4 EL frisch gepresster Orangensaft
1 Zitrone (Saft)
2 Knoblauchzehen
1 EL Mehl
1 TL Zucker

◆ In einer Schüssel das Hackfleisch mit fein geriebener Zwiebel, Pfeffer und Salz vermengen. Mit der Hand gut durchkneten und Klößchen formen.
In einer Pfanne 3 EL Öl erhitzen und die Klößchen darin braun braten.
Spinat und Petersilie gründlich waschen, in einem Sieb abtropfen lassen und klein schneiden. In einem Topf 2 EL Öl erhitzen, Spinat und Petersilie darin kurz anbraten. Die Klößchen zugeben und mit 1 Tasse Wasser ablöschen. Salzen, pfeffern und bei schwacher Hitze zugedeckt 30 Minuten köcheln.
In einer Schüssel den in 1 EL heißem Wasser aufgelösten Safran mit Orangen- und Zitronensaft, zerdrücktem Knoblauch, Mehl und Zucker verrühren. In den Topf geben und alles weitere 30 Minuten köcheln.
Vor dem Servieren nochmals mit Pfeffer, Salz und Zitronensaft abschmecken.
Beilagen: Reis, frische Kräuter und eingelegtes Gemüse

Dicke Bohnen mit Eiern und Dill
Baghali-Ghatogh

für 4 Personen

150 g getrocknete grüne dicke Bohnen (Baghla)
3 EL Öl
4 Knoblauchzehen
¼ TL Kurkuma
2 Bund Dill
4 Eier

◆ In einem Topf Öl erhitzen und den zerdrückten Knoblauch darin kurz anbraten. Bohnen und Kurkuma zugeben und anrösten. Den klein geschnittenen Dill hinzufügen und kurz anbraten. Mit 1½ Tassen Wasser ablöschen, mit Pfeffer und Salz abschmecken, bei schwacher Hitze 30 Minuten köcheln – das Wasser darf nicht völlig verdampfen. Wenn nötig, etwas Wasser nachgießen.
Die Eier aufschlagen und darüber geben. Zugedeckt ohne Rühren 5 Minuten garen.
Beilagen: geräucherter Fisch, Reis, frische Kräuter, eingelegtes Gemüse und Joghurt

Gegrillte Auberginen mit Ei und Tomaten
Mirsa-Ghassemi

für 4 Personen

4 Auberginen
3 EL Öl
3 Knoblauchzehen
¼ TL Kurkuma
3 Tomaten
3 Eier

◆ Die Auberginen waschen, trockentupfen und mit einer Gabel an mehreren Stellen anstechen. In einer offenen feuerfesten Auflaufform in den auf 220° vorgeheizten Ofen schieben und etwa 30 Minuten garen. Die Auberginen müssen so weich sein, dass man ihnen, wenn sie abgekühlt sind, leicht die Haut abziehen und den Strunk entfernen kann. Anschließend so klein wie möglich schneiden.

In einer Pfanne Öl erhitzen und den zerdrückten Knoblauch darin kurz anbraten. Kurkuma zugeben und erhitzen. Die Auberginenstücke beifügen, mit Pfeffer und Salz abschmecken. Bei schwacher Hitze zugedeckt 15 Minuten köcheln.

Die Tomaten kurz in heißem Wasser abschrecken, häuten und so klein wie möglich schneiden. Zugeben und ohne Deckel weitere 15 Minuten köcheln.

In einer kleinen Schüssel die Eier mit Pfeffer und Salz verrühren, in die Auberginen-Mischung geben und bei schwacher Hitze unter gelegentlichem Rühren garen.

Beilagen: geräucherter Fisch, Reis, frische Kräuter und eingelegtes Gemüse

Lamm-Eintöpfe mit Hülsenfrüchten
Abguscht

Die Beliebtheit des im Vergleich zu Hammel, Kalb und Rind teuren Lammfleisches geht auf einen älteren Aberglauben persischer Ärzte zurück. Sie waren der festen Überzeugung, dass der Mensch Eigenschaften des verzehrten Tieres annehme. Und das Lamm galt ihnen als Sinnbild der Unschuld.

Abguscht ist eines der wenigen Hauptgerichte, die man ohne Reis isst. Zur Eigenart dieses gehaltvollen Lamm-Eintopfs gehört die Aufteilung in zwei Gänge. Zunächst tunkt man die abgeschüttete Eintopf-Sauce mit Brot auf. Dann isst man die Hülsenfrüchte und das Fleisch, die am Ende der Zubereitung zusammen gestampft worden sind, mit Zwiebeln, frischen Kräutern (Sabsi Khordan) und eingelegten Gemüsen (Torschi).

Besonders im Winter ist der Abguscht als Mittag- und Abendessen beliebt. Früher nahmen ihn die Teppichweber und -wäscher in ihrem Dizi aus Aluminium mit zur Arbeit. Der Dizi ist eine Art Henkelmann, in dem man den Eintopf vor dem Essen noch einmal aufwärmen kann – gegessen wird aber, anders als beim Henkelmann, stets aus einem tiefen Teller. Überlebt hat diese Tradition in etlichen Restaurants, wo Einzelportionen noch heute im Dizi serviert werden.

◆ Die Hülsenfrüchte über Nacht zum Einweichen in lauwarmes Wasser legen.
Am nächsten Tag das Fleisch abspülen, in einem Küchentuch abtrocknen und in vier Stücke schneiden. Die Hülsenfrüchte in einem Sieb mit Wasser abspülen. Kartoffeln schälen, Zwiebel vierteln, Limonen halbieren. In einem großen Topf Fleisch, Hülsenfrüchte und Zwiebel mit 2 l Wasser und 1 EL Salz zum Kochen bringen und bei schwacher Hitze zugedeckt zwei Stunden köcheln.
Kartoffeln, Limonen, Tomatenmark, Kurkuma und Pfeffer zugeben, mit Salz abschmecken und eine weitere Stunde köcheln.
Nun sollte noch etwa 1 l Sauce im Topf sein: Ist es mehr, das Ganze ohne Deckel weiterköcheln. Ist es weniger, mit Wasser ergänzen und noch einmal abschmecken. Dann die Sauce in eine Schüssel abgießen, Hülsenfrüchte und das von den Knochen gelöste Fleisch gründlich stampfen.
Beilagen: Brot, eingelegtes Gemüse, frische Zwiebeln und Kräuter – als Vorspeise tunkt man auf einem Teller das Brot in die Sauce.

Lamm-Eintopf mit Kichererbsen und Kartoffeln

Abguscht-e-Rasmi

am Vortag beginnen
3 Stunden Vorbereitungs- und Kochzeit
für 6 Personen

800 g Lammfleisch mit Knochen
150 g getrocknete weiße Bohnen
150 g getrocknete Kichererbsen
6 Kartoffeln
1 große Zwiebel
4 Limo Amani (getrocknete Limonen)
2 EL Tomatenmark
1 TL Kurkuma

Lamm-Eintopf mit Kichererbsen und weißen Bohnen

Abguscht-e-Sadeh

am Vortag beginnen
3 Stunden Vorbereitungs- und Kochzeit
für 6 Personen

800 g Lammfleisch mit Knochen
150 g getrocknete weiße Bohnen
150 g getrocknete Kichererbsen
1 große Zwiebel
4 Limo Amani (getrocknete Limonen)
1 TL Kurkuma
¼ TL gemahlener Zimt

◆ Die Hülsenfrüchte über Nacht zum Einweichen in lauwarmes Wasser legen.

Am nächsten Tag das Fleisch abspülen, in einem Küchentuch abtrocknen und in vier Stücke schneiden. Die Hülsenfrüchte in einem Sieb mit Wasser abspülen. Die Zwiebel vierteln, die Limonen halbieren.

In einem großen Topf Fleisch, Hülsenfrüchte und Zwiebel mit 2 l Wasser und 1 EL Salz zum Kochen bringen und bei schwacher Hitze zugedeckt zwei Stunden köcheln.

Limonen, Kurkuma, Zimt und Pfeffer zugeben, mit Salz abschmecken und eine weitere Stunde köcheln.

Nun sollte noch etwa 1 l Sauce im Topf sein: Ist es mehr, das Ganze ohne Deckel weiterköcheln. Ist es weniger, mit Wasser ergänzen und noch einmal abschmecken. Dann die Sauce in eine Schüssel abgießen, Hülsenfrüchte und das von den Knochen gelöste Fleisch gründlich stampfen.

Beilagen: Brot, eingelegtes Gemüse, frische Zwiebeln und Kräuter – als Vorspeise tunkt man auf einem Teller das Brot in die Sauce.

Lamm-Eintopf mit Hülsenfrüchten und Kräutern

Abguscht-e-Bosbasch

am Vortag beginnen
3 Stunden Vorbereitungs- und Kochzeit
für 6 Personen

800 g Lammfleisch mit Knochen
150 g getrocknete weiße Bohnen
150 g getrocknete Kichererbsen
2 große Zwiebeln
5 Limo Amani (getrocknete Limonen)
200 g Petersilie
200 g Schnittlauch
5 Korianderzweige
1 EL getrockneter Bockshornklee
3 EL Öl
1 TL Kurkuma
½ TL Safran

◆ Die Hülsenfrüchte über Nacht zum Einweichen in lauwarmes Wasser legen.
Am nächsten Tag das Fleisch abspülen, in einem Küchentuch abtrocknen und in vier Stücke schneiden. Die Hülsenfrüchte in einem Sieb mit Wasser abspülen. Eine Zwiebel vierteln, die andere hacken. Limonen halbieren, Kräuter hacken.
In einem großen Topf Fleisch, Hülsenfrüchte und geviertelte Zwiebel mit 2 l Wasser und 1 EL Salz zum Kochen bringen und bei schwacher Hitze zugedeckt zwei Stunden köcheln.
In einer Pfanne Öl erhitzen und die gehackte zweite Zwiebel darin bräunen. Kurkuma zugeben und kurz erhitzen. Kräuter beifügen und bei mittlerer Hitze und unter ständigem Rühren 8 Minuten braten.
Limonen, Kräuter, Pfeffer und den in 1 EL heißem Wasser aufgelösten Safran in den Topf geben, mit Salz abschmecken und eine weitere Stunde köcheln.
Nun sollte noch etwa 1 l Sauce im Topf sein: Ist es mehr, das Ganze ohne Deckel weiterköcheln. Ist es weniger, mit Wasser ergänzen und noch einmal abschmecken. Dann die Sauce in eine Schüssel abgießen, Hülsenfrüchte und das von den Knochen gelöste Fleisch gründlich stampfen.
Beilagen: Brot, eingelegtes Gemüse, frische Zwiebeln und Kräuter – als Vorspeise tunkt man auf einem Teller das Brot in die Sauce.

Lamm-Eintopf mit Linsen und Quitten
Abguscht-e-Beh

3 Stunden Vorbereitungs- und Kochzeit
für 6 Personen

800 g Lammfleisch mit Knochen
200 g Linsen
2 große Quitten
1 große Zwiebel
2 EL Granatapfel-Konzentrat
1 TL Kurkuma

◆ Das Fleisch abspülen, in einem Küchentuch abtrocknen und in vier Stücke schneiden. Die Linsen in einem Sieb mit Wasser abspülen. Die Quitten schälen und entkernen, die Zwiebel vierteln.
In einem großen Topf Fleisch, Linsen, Quitten und Zwiebel mit 2 l Wasser und 1 EL Salz zum Kochen bringen und bei schwacher Hitze zugedeckt zwei Stunden köcheln.
Granatapfel-Konzentrat zugeben, mit Salz abschmecken und eine weitere Stunde köcheln.
Nun sollte noch etwa 1 l Sauce im Topf sein: Ist es mehr, das Ganze ohne Deckel weiterköcheln. Ist es weniger, mit Wasser ergänzen und noch einmal abschmecken. Dann die Sauce in eine Schüssel abgießen, Hülsenfrüchte und das von den Knochen gelöste Fleisch gründlich stampfen.
Beilagen: Brot, eingelegtes Gemüse, frische Zwiebeln und Kräuter – als Vorspeise tunkt man auf einem Teller das Brot in die Sauce.

Eingelegtes Gemüse und Obst
Torschi-Wa-Schur

Torschi und Schur sind eine alte Form der Vorratshaltung für den Winter. Durch das Einlegen in mit Kräutern und Obst angereichertem Gewürzessig oder in Salzwasser bleiben die Gemüse monate-, ja jahrelang haltbar. Mehr noch: Sie nehmen einen feinsäuerlichen Geschmack an. Dadurch eignen sich Torschi und Schur besonders gut als Appetitanreger oder Beilage.

Die Essig-Qualität entscheidet dabei über die Qualität der eingelegten Gemüse. Für die schöne Farbe sorgen wilde Sauerkirschen oder Berberitzen. Um die Bildung von Schimmel zu verhindern, sollte man bei der Vorbereitung besonders auf die Sauberkeit der Küchengeräte und das richtige Verschließen der Einmachgläser achten.

Eingelegte Knoblauchknollen
Torschi-e-Sir

1 Einmachglas mit Spannverschluss

500 g Knoblauchknollen
20 wilde Sauerkirschen
Rotweinessig

Am besten schmeckt der eingelegte Knoblauch nach einem Jahr – je länger er eingelegt wurde, desto süßer und brauner wird er. Deshalb gibt es im Iran auch Jahrgangsknoblauch. Wer es schafft, sieben Jahre zu warten, wird mit dem besten Geschmack belohnt.

◆ Die Außenhaut der Knoblauchknollen vorsichtig entfernen, dabei die Haut der Zehen nicht verletzen. Die Knollen in ein Sieb geben, mit Wasser abspülen, mit 1 EL Salz bestreuen und vier Stunden ruhen lassen.
Das Einmachglas mit kochendem Wasser ausspülen und mit einem sauberen Küchentuch abtrocknen. Die Knollen hineingeben und die Sauerkirschen darüber schichten. Mit 2 EL Salz bestreuen und mit Essig bedecken. Das Glas verschließen und mindestens zwei Monate an einem dunklen Ort ruhen lassen.

Cornichons
Torschi-e-Khiar

1 Einmachglas mit Spannverschluss

1 kg kleine Gurken zum Einlegen
3 Knoblauchzehen
3 Zweige Pfefferminze
3 Zweige Estragon
Weinessig

◆ Die Gurken waschen, in einem Sieb abtropfen lassen und trockentupfen. Einzeln mit einer Gabel anstechen.
Das Einmachglas mit kochendem Wasser ausspülen und mit einem sauberen Küchentuch abtrocknen. Gurken, Knoblauch und Kräuter hineingeben. Mit Salz bestreuen und mit Essig bedecken. Das Glas verschließen und drei Monate ruhen lassen.

Eingelegtes Obst
Torschi-e-Miweh

Einmachgläser mit Spannverschluss

200 g Pfirsiche
200 g Aprikosen
200 g Äpfel
200 g Birnen
200 g kernlose Weintrauben
¼ TL Safran
2 EL Honig
1 TL Paprikapulver
1 TL Adwieh (persische Gewürzmischung)
1 TL Siah-Daneh (Zwiebelsamen)
¼ TL Gewürznelken
Pfeffer und Salz
Weinessig

◆ In einem Topf mit kochendem Wasser Pfirsiche und Aprikosen 2 Minuten blanchieren und in einem Sieb abkühlen lassen. Entkernen, häuten und pürieren. Äpfel und Birnen schälen und so klein wie möglich schneiden. Die Trauben vom Stiel lösen.

Alle Früchte in einen Topf geben. Den in 2 EL heißem Wasser aufgelösten Safran mit Honig verrühren und mit den restlichen Gewürze beifügen. Alles mit Essig bedecken, zum Kochen bringen und vom Herd nehmen.

Die Einmachgläser mit kochendem Wasser ausspülen, mit einem sauberen Küchentuch abtrocknen. Die heiße Mischung hineingeben. Die Gläser verschließen und eine Woche ruhen lassen.

Mango-Chutney
Torschi-e-Anbeh

1 Einmachglas mit Spannverschluss

1 Mango (300 g)
100 ml Weinessig
2 EL Tomatenmark
100 ml Zitronensaft
1 EL Zucker
¼ TL Safran
¼ TL gemahlener Zimt
¼ TL Kardamompulver

◆ Die Mango schälen, entkernen und in kleine Würfel schneiden. In einem Topf mit Essig zum Kochen bringen und bei schwacher Hitze 10 Minuten köcheln.

Vom Herd nehmen und abkühlen lassen. Tomatenmark und Zitronensaft verrühren, mit den übrigen Zutaten untermischen.

Das Einmachglas mit kochendem Wasser ausspülen, mit einem sauberen Küchentuch abtrocknen. Die Mischung hineingeben. Das Glas verschließen und mindestens zwei Monate ruhen lassen.

Eingelegte Oliven
Seytun-e-Parwardeh

1 Einmachglas mit Spannverschluss

400 g grüne Oliven ohne Kern
¼ Bund Petersilie
¼ Bund Koriander
3 Zweige Pfefferminze
3 Zweige Basilikum
3 Schalotten
4 Knoblauchzehen
100 g gemahlene Walnüsse
nach Geschmack: 1-2 EL Granatapfel-Konzentrat

Eingelegte Oliven reicht man als Beilage, sie schmecken aber auch zum Aperitif.

◆ Die Kräuter mit Schalotten und Knoblauch in einem Mixer klein hacken. Mit Nüssen, Oliven und Granatapfel-Konzentrat in eine Schüssel geben. Mit Pfeffer bestreuen, gut vermischen und zwei Stunden in den Kühlschrank stellen. Eingelegte Oliven halten sich etwa eine Woche.

Eingelegte Pfirsiche mit Kakipflaumen
Torschi-e-Hulu

1 Einmachglas mit Spannverschluss

500 g Pfirsiche
Weinessig
¼ TL geriebene Muskatnuss
¼ TL gemahlener Zimt
¼ TL scharfes Paprikapulver
500 g Kakipflaumen

◆ Die Pfirsiche schälen und in kleine Würfel schneiden. In einem Topf mit 1 Tasse Essig bei schwacher Hitze 20 Minuten köcheln.
Das Einmachglas mit kochendem Wasser ausspülen und mit einem sauberen Küchentuch abtrocknen. Pfirsiche und Gewürze hineingeben, 1 TL Salz darüber streuen und mit Essig bedecken. Das Glas verschließen und vier Monate bis zur Erntezeit der Kakipflaumen ruhen lassen.
Kakipflaumen klein schneiden und mit 1 Tasse Essig bei schwacher Hitze 20 Minuten köcheln. Abkühlen lassen und zu den Pfirsichen geben. Mit Essig auffüllen, so dass alle Früchte bedeckt sind. Das Glas wieder verschließen und weitere zwei Wochen ziehen lassen.

Eingelegte Jungzwiebeln mit Minze

Torschi-e-Pijas ba Nana

1 Einmachglas mit Spannverschluss

1 kg Jungzwiebeln
100 g gehackte Knoblauchzehen
300 g gehackte Pfefferminze
Weinessig

◆ Die Zwiebeln schälen.
Das Einmachglas mit kochendem Wasser ausspülen und mit einem sauberen Küchentuch abtrocknen. Die Zwiebeln hineingeben, Knoblauch und Minze darüber schichten. Mit 3 EL Salz bestreuen und mit Essig bedecken. Das Glas verschließen und mindestens drei Wochen ruhen lassen.

Eingelegte Auberginen

Torschi-e-Bademdschan-Teheran

1 Einmachglas mit Spannverschluss

1 kg kleine Auberginen aus der Herbsternte
50 g Pfefferminze
50 g Estragon
50 g Petersilie
50 g Bergminze
1 TL Engelwurz
1 TL Siah-Daneh (Zwiebelsamen)
½ TL Kurkuma
Weinessig

◆ Die Auberginen waschen, die Blätter entfernen. Jede Aubergine 1 cm unter dem Strunk mit einem Messer einschneiden. Den Schnitt der Länge nach bis zum anderen Ende ziehen.
In einem Topf mit 2 Glas kaltem Wasser zum Kochen bringen und bei schwacher Hitze zugedeckt 15 Minuten köcheln. In ein Sieb geben und mit Salz bestreuen. Mit einem Gewicht beschweren und zwölf Stunden abtropfen lassen.
Die Kräuter klein hacken und in die Auberginenschlitze geben.
Das Einmachglas mit kochendem Wasser ausspülen und mit einem sauberen Küchentuch abtrocknen. Abwechselnd Auberginen und Gewürze hineinschichten und mit Essig bedecken. Das Glas verschließen und mindestens zwei Monate ruhen lassen.

Mixpickles
Torschi-e-Makhlut

Einmachgläser mit Spannverschluss

2 grüne oder rote Paprika
3 Stangen Sellerie
500 g Möhren
500 g kleine Gurken zum Einlegen
500 g Blumenkohl
1 kg Auberginen
Weinessig
50 g Estragon
50 g Pfefferminze
50 g Petersilie
50 g Koriander
50 g Basilikum
4 Knoblauchzehen
1 TL Siah-Daneh (Zwiebelsamen)
1 TL Engelwurz
¼ TL gemahlener Zimt
¼ TL geriebene Muskatnuss
¼ TL Pfeffer
¼ TL Paprikapulver

◆ Alle Gemüse gründlich waschen, klein schneiden, in ein Sieb geben und mit Salz bestreuen. Zwei Stunden ruhen lassen, um ihnen das Wasser zu entziehen.
Währenddessen die Auberginen waschen, abtrocknen und dreimal mit einer Stricknadel einstechen. Auf ein Backblech legen und im Ofen bei 180° 20 Minuten backen. Abkühlen lassen, häuten und klein schneiden. In ein Sieb geben, mit Salz bestreuen und eine Stunde ruhen lassen, um ihnen das Wasser zu entziehen. In einem Topf mit 1 Tasse Essig 15 Minuten köcheln. Die Kräuter klein hacken. In einer großen Salatschüssel mit Gemüsen, zerdrücktem Knoblauch und Gewürzen gründlich vermischen.
Die Einmachgläser mit kochendem Wasser ausspülen, mit einem sauberen Küchentuch abtrocknen. Die Mischung hineingeben, mit Salz bestreuen und mit Essig bedecken. Das Glas verschließen und mindestens drei Wochen ruhen lassen.

Gemüse-Chutney
Torschi-e-Liteh

1 Einmachglas mit Spannverschluss

1 kg Auberginen
Weinessig
½ TL Kurkuma
50 g Pfefferminze
50 g Estragon
50 g Petersilie
50 g Bergminze
1 TL Engelwurz
1 TL Siah-Daneh (Zwiebelsamen)

◆ Die Auberginen schälen und klein schneiden. In einem Topf mit 300 ml Essig, Kurkuma und 1 TL Salz zum Kochen bringen und zugedeckt 20 Minuten köcheln. Abkühlen lassen.
Die Kräuter klein hacken und in einer Schüssel mit Auberginen und Gewürzen gut vermischen. Das Einmachglas mit kochendem Wasser ausspülen und mit einem sauberen Küchentuch abtrocknen. Die Mischung hineingeben. Mit Salz bestreuen und mit Essig bedecken. Das Glas verschließen und mindestens zehn Tage ruhen lassen.

Eingelegte Jungzwiebeln
Torschi-e-Pijas

1 Einmachglas mit Spannverschluss

1 kg Jungzwiebeln
10 wilde Sauerkirschen
1 Zweig Estragon
Weinessig

◆ Die Zwiebeln schälen.
Das Einmachglas mit kochendem Wasser ausspülen und mit einem sauberen Küchentuch abtrocknen. Die Hälfte der Zwiebeln hineingeben. Sauerkirschen, Estragon und restliche Zwiebeln darüber schichten. Mit 3 EL Salz bestreuen und mit Essig bedecken. Das Glas verschließen und mindestens drei Monate ruhen lassen.

Eingelegte Sellerie
Torschi-e-Karafs

1 Einmachglas mit Spannverschluss

1 Staude Sellerie
2 Knoblauchzehen
1 Zweig Pfefferminze
2 Zweige Estragon
Weinessig

◆ Die Sellerie klein schneiden und in heißes, nicht kochendes Wasser legen. Nach 2 Minuten in ein Sieb geben und zwei Stunden abtropfen lassen.
Das Einmachglas mit kochendem Wasser ausspülen und mit einem sauberen Küchentuch abtrocknen. Die Hälfte der Selleriestücke hineingeben. Knoblauch, Kräuter und restlichen Sellerie darüber schichten. Mit Salz bestreuen und mit Essig bedecken. Das Glas verschließen und mindestens zwei Monate ruhen lassen.

Eingelegte rote Bete
Torschi-e-Tschorondar

1 Einmachglas mit Spannverschluss

1 kg rote Bete
Weinessig
50 g Zucker
¼ TL gemahlener Zimt
2 Zweige Estragon

◆ Die roten Bete schälen und in dünne Scheiben schneiden. In einem Topf mit Essig bedecken, Zucker, Zimt, Pfeffer und 1 TL Salz zugeben. Zum Kochen bringen und bei schwacher Hitze zugedeckt 20 Minuten köcheln. Abkühlen lassen.
Das Einmachglas mit kochendem Wasser ausspülen und mit einem sauberen Küchentuch abtrocknen. Die Hälfte der roten Bete hineingeben. Estragon und restliche rote Bete darüber schichten. Mit Essig bedecken. Das Glas verschließen und mindestens einen Monat ruhen lassen.

Eingelegte Auberginen mit sieben Kräutern

Torschi-e-Haftebidschar

1 Einmachglas mit Spannverschluss

4 Auberginen
Weinessig
8 kleine grüne Tomaten
50 g Pfefferminze
50 g Estragon
50 g Petersilie
50 g Bergminze
50 g Bockshornklee
50 g Koriander
50 g Thymian
1 EL Adwieh (persische Gewürzmischung)
1 EL Siah-Daneh (Zwiebelsamen)
4 gehackte Knoblauchzehen
frisch gemahlener Pfeffer

◆ Die Auberginen schälen und klein schneiden. In einem Topf mit 300 ml Essig und 1 TL Salz zum Kochen bringen und zugedeckt 10 Minuten köcheln. Abkühlen lassen.

Die Tomaten halbieren, die Kräuter klein hacken. Mit den übrigen Zutaten in einer Schüssel gut vermischen.

Das Einmachglas mit kochendem Wasser ausspülen und mit einem sauberen Küchentuch abtrocknen. Die Mischung hineingeben. Mit Salz bestreuen und mit Essig bedecken. Das Glas verschließen und mindestens 20 Tage ruhen lassen.

Gemüse in Salz
Makhlut-e-Schur

Einmachgläser mit Spannverschluss

3 grüne oder rote Paprika
3 Stangen Sellerie
500 g Möhren
500 g kleine Gurken zum Einlegen
500 g Blumenkohl
Weinessig
4 Knoblauchzehen
2 Zweige Estragon
2 Zweige Dill
1 TL Siah-Daneh (Zwiebelsamen)
¼ TL Pfeffer

◆ Alle Gemüse gründlich waschen, klein schneiden, in ein Sieb geben und mit Salz bestreuen. Zwei Stunden ruhen lassen, um ihnen das Wasser zu entziehen.
In einem Topf 2 l Wasser mit 200 ml Essig und 6 EL Salz zum Kochen bringen und bei schwacher Hitze ohne Deckel 20 Minuten köcheln. Den Topf vom Herd nehmen.
Die Einmachgläser mit kochendem Wasser ausspülen und mit einem sauberen Küchentuch abtrocknen. Gemüse, Knoblauch, Kräuter und Gewürze hineingeben. Mit dem lauwarmen Salz-Essig-Wasser bedecken, falls nötig, mit Essig ergänzen. Das Glas verschließen und mindestens drei Monate ruhen lassen.

Weinblätter in Salz
Bargh-e-Mou-e-Schur

1 Einmachglas mit Spannverschluss

1 kg frische Weinblätter
100 ml Weinessig

◆ Die Weinblätter gründlich waschen und einzeln mit einem Küchentuch abtrocknen.
In einem Topf 1 l Wasser mit 100 ml Essig und 3 EL Salz zum Kochen bringen und bei schwacher Hitze ohne Deckel 20 Minuten köcheln. Den Topf vom Herd nehmen.
Das Einmachglas mit kochendem Wasser ausspülen und mit einem sauberen Küchentuch abtrocknen. Die Weinblätter hineingeben. Mit dem lauwarmen Salz-Essig-Wasser bedecken, falls nötig, mit Essig ergänzen. Das Glas verschließen und mindestens drei Monate ruhen lassen.

Gürkchen in Salz
Khiar-Schur

1 Einmachglas mit Spannverschluss

1 kg kleine Gurken zum Einlegen
Weinessig
6 Knoblauchzehen
½ Bund Estragon
½ Bund Dill

◆ Die Gurken waschen, in einem Sieb abtropfen lassen und trockentupfen. Einzeln mit einer Gabel anstechen.
In einem Topf 1 l Wasser mit 100 ml Essig und 3 EL Salz zum Kochen bringen und bei schwacher Hitze ohne Deckel 20 Minuten köcheln. Den Topf vom Herd nehmen.
Das Einmachglas mit kochendem Wasser ausspülen und mit einem sauberen Küchentuch abtrocknen. Gurken, Knoblauch und Kräuter hineingeben. Mit dem lauwarmen Salz-Essig-Wasser bedecken, falls nötig, mit Essig ergänzen. Das Glas verschließen und mindestens drei Monate ruhen lassen.

Desserts

Mädchen mit Fladenbrot in traditioneller Kleidung aus Schiras.

Dattelhändler auf dem Markt in Isfahan.

Topfmacher im Basar von Isfahan.

Milchreis
Chir Berendschi

70 g Basmati-Reis
300 ml Milch
25 ml Rosenwasser

◆ Den Reis mehrmals waschen und in 100 ml Wasser köcheln, bis das Wasser eingezogen ist. Milch zugießen und alles bei kleinstmöglicher Hitze weitere 30 Minuten köcheln, bis eine sämige Creme entsteht.
Das Rosenwasser zugeben und den Reis unter ständigem Rühren weitere 5 Minuten köcheln.
In Dessertschüsselchen verteilen und abkühlen lassen.
Beilage: Konfitüre, Zucker und/oder Zimt

Milchreis mit Safran und Mandeln
Scholeh Sard

250 g Basmati-Reis
250 g Zucker
½ TL Safran
50 g Butter
25 ml Rosenwasser
25 g Mandelsplitter

zum Garnieren:
1 TL gemahlener Zimt
25 g Pistaziensplitter
25 g Mandelsplitter

◆ Den Reis mehrmals waschen, in 1½ l Wasser zum Kochen bringen und bei schwacher Hitze ohne Deckel 35 Minuten köcheln. Den Zucker hinzufügen und unter ständigem Rühren weitere 15 Minuten köcheln, bis eine sämige Creme entsteht. Falls nötig, etwas Wasser zugießen.
Den in 2 EL heißem Wasser aufgelösten Safran, zerlassene Butter, Rosenwasser und Mandelsplitter unterrühren. Die Mischung in eine feuerfeste Form geben und im vorgeheizten Ofen bei 110° 30 Minuten backen.
Herausnehmen und abkühlen lassen. Vor dem Servieren mit Zimt bestäuben, mit Pistazien- und Mandelsplittern garnieren.

Reis-Creme
Fereni

½ l Milch
50 g Reismehl
100 g Zucker
25 ml Rosenwasser

zum Garnieren:
1 EL Butter
½ TL gemahlener Zimt
Rosenblätter
Pistaziensplitter

◆ In einem Topf die Milch mit dem Reismehl verrühren und zum Kochen bringen. Den Zucker hinzugeben und alles bei schwacher Hitze unter ständigem Rühren 30 Minuten köcheln. Ist die Masse noch nicht cremig genug, etwas gekochte Milch unterrühren. Das Rosenwasser hinzufügen und den Reis unter ständigem Rühren weitere 5 Minuten köcheln.
In Dessertschüsselchen verteilen und abkühlen lassen. Zerlassene Butter kreuzförmig darüber geben, mit Zimt bestäuben, mit Rosenblättern und Pistazien garnieren.

Safran-Creme
Katschi

100 g Weizenmehl
100 g Butter
½ TL Safran
75 g Zucker
1 TL gemahlener Zimt
¼ TL Kardamompulver
25 ml Rosenwasser

◆ In einer tiefen Pfanne das Mehl bei kleinstmöglicher Hitze unter ständigem Rühren 5 Minuten erwärmen – es darf nicht anbrennen. Butter zugeben und das Mehl bei kleinstmöglicher Hitze unter ständigem Rühren 15 bis 20 Minuten bräunen.
In einem Topf 300 ml Wasser zum Kochen bringen. Den Topf vom Herd nehmen. Safran, Zucker, Zimt, Kardamom und Rosenwasser unterrühren. Nach und nach mit einem Kochlöffel in das Mehl einrühren. Ist die Masse noch nicht cremig genug, etwas Wasser unterrühren.
Heiß in Dessertschüsselchen servieren.

Dattelkuchen
Ranginak

200 g Weizenmehl
150 g Butter
50 g Puderzucker
½ TL Kardamompulver
2 TL gemahlener Zimt
150 g geviertelte Walnüsse
400 g schwarze Datteln ohne Kern
zum Garnieren: 1 EL gemahlene Pistazien

◆ In einer tiefen Pfanne das Mehl bei kleinstmöglicher Hitze unter ständigem Rühren erwärmen – es darf nicht anbrennen. Butter zugeben und das Mehl bei kleinstmöglicher Hitze unter ständigem Rühren bräunen. Vom Herd nehmen und 10 Minuten abkühlen lassen. Zucker, Kardamom und Zimt unterrühren.
Die Hälfte der Masse auf einen großen Teller geben und die jeweils mit einem Walnussviertel gefüllten Datteln darauf verteilen. Die zweite Hälfte der Masse darauf verteilen und mit den Händen zu einem flachen Hügel formen. Mit einem Messer geometrische Muster einritzen und mit Pistazien garnieren.

Safran-Kuchen
Halwa

100 g Weizenmehl
100 g Butter
½ TL Safran
100 g Zucker
¼ TL Kardamompulver
3 EL Rosenwasser
25 g Mandelsplitter
25 g Pistaziensplitter

◆ In einer tiefen Pfanne das Mehl bei kleinstmöglicher Hitze unter ständigem Rühren 5 Minuten erwärmen – es darf nicht anbrennen. Butter zugeben und das Mehl bei kleinstmöglicher Hitze unter ständigem Rühren 15 bis 20 Minuten bräunen.
In einem Topf 100 ml Wasser zum Kochen bringen. Den Topf vom Herd nehmen. Safran, Zucker, Kardamom und Rosenwasser unterrühren. Nach und nach mit einem Kochlöffel in das Mehl einrühren. Ist die Masse noch nicht cremig genug, etwas Wasser unterrühren.
Die Masse auf einen großen Teller geben und mit den Händen zu einem flachen Hügel formen. Mit einem Messer geometrische Muster einritzen, mit Mandel- und Pistaziensplittern garnieren.

Eis mit Rosenwasser
Bastani-e-Gole-Sorkh

2 TL Maisstärkepulver oder Sahlab
½ l Milch
150 g Crème fraîche
150 g Zucker
50 ml Rosenwasser
2 EL gemahlene Pistazien

◆ Das Maisstärkepulver in ½ Tasse Milch auflösen. Die restliche Milch in einem Topf mit Crème fraîche und Zucker unter ständigem Rühren zum Kochen bringen. Bei schwacher Hitze das Maisstärkepulver unterrühren, bis alles eindickt.

Vom Herd nehmen und das Rosenwasser einrühren. Die Masse abkühlen lassen, in eine Eismaschine geben und 30 Minuten gefrieren lassen. Anschließend in eine Kühlbox füllen und im Tiefkühlfach mindestens eine Stunde gefrieren lassen. Ist keine Eismaschine vorhanden, gibt man die Masse in eine Porzellanschüssel und stellt sie drei bis vier Stunden ins Tiefkühlfach, dabei alle 15 Minuten gut durchrühren.

15 Minuten vor dem Servieren aus dem Tiefkühlfach herausnehmen und in den Kühlschrank stellen. In Dessertschüsselchen füllen und mit Pistazien garnieren.

Eis mit Safran
Bastani-e-Safaran

3 Eigelb
150 g Zucker
½ l Milch
150 g Crème fraîche
1 Päckchen Vanillezucker
½ TL Safran
1 EL Rosenwasser

◆ In einer Schüssel Eigelbe und Zucker schlagen, bis eine dickflüssige Masse entsteht. In einem Topf Milch, Crème fraîche und Vanillezucker verrühren und zum Kochen bringen. Bei schwacher Hitze nach und nach die Eigelbe unterrühren und schlagen, bis alles eindickt.
Den in 1 EL heißem Wasser aufgelösten Safran mit dem Rosenwasser unterrühren. Die Masse unter gelegentlichem Rühren abkühlen lassen, in eine Eismaschine geben und 30 Minuten gefrieren lassen. Anschließend in eine Kühlbox füllen und im Tiefkühlfach drei Stunden gefrieren lassen. Ist keine Eismaschine vorhanden, gibt man die Masse in eine Porzellanschüssel und stellt sie drei bis vier Stunden ins Tiefkühlfach, dabei alle 15 Minuten gut durchrühren.
15 Minuten vor dem Servieren aus dem Tiefkühlfach herausnehmen und in den Kühlschrank stellen. In Dessertschüsselchen füllen.

Sorbet
Paludeh

75 g Maisstärkepulver
1 EL Zucker
50 ml Zitronensaft
50 ml Rosenwassersirup

◆ In einem Topf das Maisstärkepulver in 150 ml Wasser auflösen und den Zucker hinzugeben. Bei mittlerer Hitze rühren, bis alles eindickt. Vom Herd nehmen, abkühlen lassen, in eine Kühlbox füllen und eine Stunde ins Tiefkühlfach stellen.
Das Halbgefrorene in den Fleischwolf geben, zu feinem Spaghetti-Eis verarbeiten und in einer Kühlbox auffangen. Im Tiefkühlfach zwei Stunden gefrieren lassen.
Für jede Portion 3 EL Paludeh in eine Eisschale geben, mit 2 EL Zitronensaft und 2 EL Rosenwassersirup übergießen.

Sesam mit Dattelsirup
Ardeh Schireh

150 g Sesampaste
75 g Dattelsirup

Ardeh Schireh mit Fladenbrot war früher ein typisches Mittagsgericht für die Landbewohner.

◆ In einer Schüssel Sesampaste und Dattelsirup gut vermengen – fertig!
Im Kühlschrank aufbewahren, damit der Geschmack nicht bitter wird.

Gebäck
Schirini

Für alle großen Feste – von Noruz bis zur Hochzeit – wird Schirini in großen Mengen gebacken. Mit dem Backen und seinen Düften verbindet sich also vor allem Vorfreude.

Reis-Plätzchen
Nan-e-Berendschi

600 g Reismehl
2 Eier
300 g weiche Butter
200 g Puderzucker
30 ml Rosenwasser
2 EL Mohnsamen

◆ Die Eier trennen. In einer großen Schüssel Eigelbe, Butter und Puderzucker mit dem Mixer 5 Minuten verrühren. In einer anderen Schüssel die Eiweiß steif schlagen, Rosenwasser zugeben und weitere 30 Sekunden schlagen. Den Eischnee in die andere Schüssel geben, das Reismehl hineinsieben und mit einem Kochlöffel unterziehen. Mit einem Küchentuch bedeckt zwei Stunden im Kühlschrank kalt stellen.
Den Teig gut durchkneten. Aus je 1 TL Teig Kugeln formen, flach drücken und auf das mit Backpapier ausgelegte Blech legen, dabei genügend Abstand lassen, da sie noch aufgehen. In die Oberfläche mit einem Messer geometrische Muster ritzen und die Mohnsamen darüber streuen.
Das Blech in den vorgeheizten Ofen schieben und bei 150° 15 Minuten backen – die Plätzchen sollten nicht braun werden, sondern weiß bleiben.

Walnussplätzchen
Nan-e-Gerdui

5 Eigelb
5 EL Zucker
1 Päckchen Vanillezucker
150 g gemahlene Walnüsse
75 g gehackte Walnüsse

◆ In einer Schüssel die Eigelbe mit Zucker und Vanillezucker 5 Minuten cremig schlagen. Die Nüsse zugeben und alles gut verkneten.
Aus je 1 TL Teig Kugeln formen, flach drücken und auf das mit Backpapier ausgelegte Blech legen, dabei genügend Abstand lassen, da sie noch aufgehen. In den vorgeheizten Ofen schieben und bei 150° 15 Minuten backen.

Kichererbsenplätzchen
Nan-e-Nochodchi

150 g Butter
150 g Puderzucker
300 g Kichererbsenmehl
½ TL Kardamompulver
1 EL halbierte Pistazien

◆ In einer Schüssel Butter und Puderzucker verrühren. Nach und nach Kichererbsenmehl und Kardamom dazugeben und alles gut durchkneten. Mit einem Küchentuch bedeckt sechs Stunden ruhen lassen.

Aus je 1 TL Teig Kugeln formen, flach drücken und in die Mitte eine Pistazienhälfte eindrücken. Auf das mit Backpapier ausgelegte Backblech legen, dabei genügend Abstand lassen, da sie noch aufgehen. In den vorgeheizten Ofen schieben und bei 150° 15 Minuten backen.

Mandelplätzchen
Nan-e-Badami

3 Eiweiß
100 g Puderzucker
150 g gehackte Mandeln
1 Päckchen Vanillezucker
2 EL Mandelsplitter

◆ Die Eiweiß steif schlagen und nach und nach den Puderzucker unterrühren. Im Wasserbad weiterrühren, bis das Eiweiß heiß und zähflüssig wird. Vom Herd nehmen, Mandeln und Vanillezucker unterrühren.

Aus je 1 TL Teig runde Plätzchen formen und mit Mandelsplittern verzieren. Auf das mit Backpapier ausgelegte Blech legen, dabei genügend Abstand lassen, da sie noch aufgehen. In den vorgeheizten Ofen schieben und bei 150° 15 Minuten backen.

Honig-Mandel-Plätzchen
Sohan-e-Assali

100 g Butter
150 EL Honig
150 g Puderzucker
150 g Mandelsplitter
1 TL Safran
2 EL gehackte Pistazien

◆ In einem Topf Butter, Honig und Puderzucker bei mittlerer Hitze verrühren, bis alles eindickt und goldbraun wird. Mandelsplitter zugeben und weiterrühren, bis auch sie goldbraun werden. Den in 2 EL heißem Wasser aufgelösten Safran hinzufügen und bei schwacher Hitze unterrühren, bis die Flüssigkeit absorbiert ist.
Die Masse teelöffelweise auf das mit Backpapier ausgelegte Blech verteilen und mit Pistazien verzieren. Abkühlen lassen und vom Papier abziehen.

Honig-Beignet
Sulbia

150 g Speisestärke
150 g Joghurt
¼ TL Safran
30 g Weizenmehl
½ TL Backpulver
Öl zum Frittieren

für den Sirup:
300 g Zucker
2 EL Zitronensaft
4 EL Rosenwasser
3 EL Honig

◆ In einer Schüssel Speisestärke und Joghurt gut verrühren. Den in 1 EL heißem Wasser aufgelösten Safran, Mehl und Backpulver unterrühren. Der Teig muss fest und doch cremig sein, falls nötig, noch etwas Wasser zugießen. Bei Zimmertemperatur zugedeckt zwei Stunden ruhen lassen.
Für den Sirup in einem Topf 150 ml Wasser und Zucker erhitzen. Wenn er zu kochen beginnt, Zitronensaft, Rosenwasser und Honig zugeben. Bei schwacher Hitze 20 Minuten köcheln, bis die Flüssigkeit zu Sirup wird. Abkühlen lassen.
In einer Fritteuse das Öl erhitzen. Den Teig in einen Spritzbeutel mit einer 0,5 mm großen Tülle geben und schneckenförmig in das heiße Öl spritzen. Zunächst sinkt der Teig auf den Boden der Fritteuse, steigt jedoch an die Oberfläche, wenn er fast gar ist. Warten, bis beide Seiten goldbraun sind.
Mit einem Schaumlöffel herausnehmen und abtropfen lassen. Kurz in den Sirup tauchen und abkühlen lassen.

Eier-Beignet
Bamieh

3 Eier
4 EL Öl
125 g Weizenmehl
¼ TL Safran
Öl zum Frittieren

für den Sirup:
300 g Zucker
2 EL Zitronensaft
4 EL Rosenwasser
3 EL Honig

◆ In einem Topf 150 ml Wasser und Öl zum Kochen bringen. Das gesiebte Mehl mit einem Schneebesen unterrühren, den in 1 EL heißem Wasser aufgelösten Safran zugeben und bei schwacher Hitze unter ständigem Rühren 7 Minuten köcheln. Vom Herd nehmen und abkühlen lassen.

In einer Schüssel die Eier schaumig schlagen und nach und nach unterrühren. Der Teig muss fest und doch cremig sein. Falls er diese Konsistenz erreicht, bevor alle Eier untergerührt sind, den Rest zurückbehalten. Anderenfalls ein weiteres Ei schaumig schlagen und unterrühren.

Für den Sirup in einem Topf 150 ml Wasser und Zucker erhitzen. Wenn er zu kochen beginnt, Zitronensaft, Rosenwasser und Honig zugeben. Bei schwacher Hitze 20 Minuten köcheln, bis die Flüssigkeit zu Sirup wird. Warm halten.

In einer Fritteuse das Öl erhitzen. Den Teig in einen Spritzbeutel mit einer 0,5 mm großen Tülle geben und 2 bis 6 cm lange Streifen in das heiße Öl spritzen. Zunächst sinkt der Teig auf den Boden der Fritteuse, steigt jedoch an die Oberfläche, wenn er fast gar ist. Warten, bis beide Seiten goldbraun sind.

Mit einem Schaumlöffel herausnehmen und abtropfen lassen. Kurz in Sirup tauchen und abkühlen lassen.

Gefüllter Blätterteig
Baghlawa

einige Stunden vorher beginnen

40 ml Milch
⅓ TL Backpulver
2 Eigelb
50 g Butter
200 g Mehl

für den Sirup:
300 g Zucker
4 EL Rosenwasser

für die Füllung:
250 g gehackte Pistazien
250 g gehackte Mandeln
250 g Puderzucker
1 TL Kardamompulver

zum Bestreichen:
75 g zerlassene Butter
2 EL Rosenwasser

◆ In einer Schüssel Milch, Backpulver, Eigelbe und Butter vermischen. Nach und nach das Mehl unterrühren und den Teig mit der Hand gut durchkneten, bis er nicht mehr klebt. Mit einem Küchentuch bedeckt drei Stunden ruhen lassen.
Den Teig herausnehmen und in sechs Stücke teilen. Die Teigstücke auf einer mit Mehl bestäubten Arbeitsfläche in der Größe einer kleinen feuerfesten Form (20 mal 25 cm) dünn ausrollen.
Für den Sirup in einem Topf 50 ml Wasser und Zucker zum Kochen bringen. Das Rosenwasser hinzufügen und abkühlen lassen.
Für die Füllung in einer Schüssel alle Zutaten miteinander vermischen.
Die Teigstücke mit zerlassener Butter bestreichen und drei von ihnen in der eingefetteten feuerfesten Form übereinander schichten. Die Füllung darauf geben, mit Rosenwasser beträufeln und mit einer Gabel festdrücken. Die anderen drei Teigstücke darauf legen. Mit einem scharfen, feuchten Messer in rautenförmige Stücke schneiden und mit zerlassener Butter bestreichen. In den vorgeheizten Ofen schieben und bei 180° 30 Minuten backen.
Herausnehmen, mit Sirup bestreichen und abkühlen lassen. Mit Tee servieren.

Getränke
Nuschidani

Zuckersirup
Chireeh Chekar

600 g Zucker

◆ In einem Topf 300 ml Wasser und Zucker zum Kochen bringen, bei schwacher Hitze 5 Minuten köcheln.
Vom Herd nehmen, abkühlen lassen und in eine Flasche füllen.

Obstsirup
Scharbat

2 kg Zucker
1 kg Obst nach Wahl

◆ In einem Topf 1 l Wasser und Zucker zum Kochen bringen. Das Obst gegebenenfalls schälen und entkernen, klein schneiden und zugeben. Bei schwacher Hitze 10 Minuten köcheln. Durch ein Sieb geben und den Saft noch einmal aufkochen. Bei mittlerer Hitze köcheln, bis der Sirup eindickt.
Vom Herd nehmen, abkühlen lassen und in eine Flasche füllen. Im Kühlschrank aufbewahren.

Rosenwassersirup
Scharbat-e-Gole-Sorkh

2½ kg Zucker
½ l Rosenwasser
50 ml Zitronensaft

◆ In einem Topf 1 l Wasser und Zucker zum Kochen bringen, 5 Minuten köcheln. Rosenwasser und Zitronensaft unterrühren, weitere 5 Minuten köcheln.
Vom Herd nehmen, abkühlen lassen und in eine Flasche füllen.

Limonade aus Orangenblütenessenz
Scharbat-e-Aragh-e-Bahar narendsch

für 1 Glas

1 Glas Wasser (im Sommer kaltes, im Winter heißes)
2 EL Zuckersirup (Seite 177)
2 EL Orangenblütenessenz
nach Geschmack: Eiswürfel

◆ In dem Glas Wasser den Zuckersirup gut verrühren. Die Orangenblütenessenz unterrühren und eventuell Eiswürfel hinzufügen.

Limonade aus Minzessenz
Scharbat-e-Aragh-e-Nana

1 Glas Wasser (im Sommer kaltes, im Winter heißes)
2 EL Zuckersirup (Seite 177)
2 EL Minzessenz
nach Geschmack: Eiswürfel

◆ In dem Glas Wasser den Zuckersirup gut verrühren. Die Minzessenz unterrühren und eventuell Eiswürfel hinzufügen.

Granatapfel-Limonade
Scharbat-e-Anar

½ Glas Wasser (im Sommer kaltes, im Winter heißes)
½ Glas Granatapfelsirup
4 Blätter Pfefferminze
nach Geschmack: Eiswürfel

◆ In dem Glas Wasser den Granatapfelsirup gut verrühren. Die Minzeblätter und eventuell Eiswürfel hinzufügen.

Sauerkirschen-Limonade
Scharbat-e-Albalu

½ Glas Wasser (im Sommer kaltes, im Winter heißes)
½ Glas Sauerkirschensirup
4 Blätter Pfefferminze
nach Geschmack: Eiswürfel

◆ In dem Glas Wasser den Sauerkirschensirup gut verrühren. Die Minzeblätter und eventuell Eiswürfel hinzufügen.

Limonade aus Rosenblütenessenz
Scharbat-e-Aragh-e-Gole-Sorkh

1 Glas Wasser (im Sommer kaltes, im Winter heißes)
2 EL Zuckersirup (Seite 177)
2 EL Rosenblütenessenz
nach Geschmack: Eiswürfel

◆ In dem Glas Wasser den Zuckersirup gut verrühren. Die Rosenblütenessenz unterrühren und eventuell Eiswürfel hinzufügen.

Zitronen-Limonade
Scharbat-e-Limu

½ Glas Wasser (im Sommer kaltes, im Winter heißes)
½ Glas Zitronensirup
4 Blätter Pfefferminze
nach Geschmack: Eiswürfel

◆ In dem Glas Wasser den Zitronensirup gut verrühren. Die Minzeblätter und eventuell Eiswürfel hinzufügen.

Rhabarber-Limonade
Scharbat-e-Riwas

½ Glas Wasser (im Sommer kaltes, im Winter heißes)
½ Glas Rhabarbersirup
4 Blätter Pfefferminze
nach Geschmack: Eiswürfel

◆ In dem Glas Wasser den Rhabarbersirup gut verrühren. Die Minzeblätter und eventuell Eiswürfel hinzufügen.

Milch-Shake
Madschun

für 3 Glas

1 Glas Milch
1 Banane
1 EL Honig
1 Glas Vanilleeis
1 Pfirsich
3 TL Sauerkirschensirup
1 EL gehackte Pistazien
1 EL gehackte Mandeln

Madschun ist besonders bei der Jugend beliebt. Vor den Schulen wird er deshalb oft von fliegenden Händlern angeboten.

◆ Milch, Banane und Honig im Getränkemixer kurz durchschlagen. Das Vanilleeis auf drei Gläser verteilen. Den Pfirsich schälen, in drei Stücke schneiden und darauf legen. Mit Bananenmilch übergießen, mit Sauerkirschensirup, Pistazien und Mandeln garnieren.

Gesalzene Buttermilch
Dugh

für 1 Glas

3 EL Mastechekide
¼ TL getrocknete Pfefferminze oder 5 frische Blätter
4 Eiswürfel

Im Sommer ist Dugh neben Scharbat-e-Albalu der beliebteste persische Durstlöscher.

◆ Die Mastechekide mit ½ Glas Wasser und ¼ TL Salz gut verrühren. Minze und Eiswürfel zugeben.

Mastechekide ist eine säuerliche Joghurt-Variante, die man in einem Baumwolltuch mindestens einen Tag abtropfen lässt.

Gesalzene Buttermilch mit Salatgurke
Dugh-e-Sabs

für 1 Kanne

1 Salatgurke
250 g Mastechekide
1 TL getrocknete Pfefferminze
Eiswürfel

◆ Die Gurke schälen und im Mixer pürieren. Die Mastechekide mit Wasser und 1 TL Salz gut verrühren. Gurke, Minze und Eiswürfel zugeben.

Mastechekide ist eine säuerliche Joghurt-Variante, die man in einem Baumwolltuch mindestens einen Tag abtropfen lässt.

Schwarzer Tee
Tschay

für 1 Kanne

2 TL schwarzer Tee

Der schwarze Tee wird in der Kanne auf dem Samowar konzentriert zubereitet. Je nach Geschmack wird er mit heißem Wasser verlängert, meist im Verhältnis 1:1.

◆ In einem Samowar Wasser erhitzen. 2 TL schwarzen Tee in eine Teekanne geben, ½ Tasse kochendes Wasser aus dem Samowar darüber schütten und sofort abgießen, um den Staub von den Teeblättern zu entfernen.
Die Kanne mit heißem Wasser füllen und auf dem Samowar mindestens 10 Minuten ziehen lassen.
Mit Gebäck, Zucker, Nabat – einem selbst gemachten aromatisierten Zucker – und Trockenobst servieren.

Schwarzer Tee mit Zimt und Nelken
Tschay ba Dartchin wa Mikhak

für 1 Kanne

2 TL schwarzer Tee
4 Zimtstangen
2 Gewürznelken

◆ In einem Samowar Wasser erhitzen. Alle Zutaten in eine Teekanne geben, ½ Tasse kochendes Wasser aus dem Samowar darüber schütten und sofort abgießen, um den Staub von den Zutaten zu entfernen.
Die Kanne mit heißem Wasser füllen und auf dem Samowar mindestens 10 Minuten ziehen lassen.
Mit Gebäck, Zucker, Nabat – einem selbst gemachten aromatisierten Zucker – und Trockenobst servieren.

Schwarzer Tee mit Minze
Tschay ba Nana

für 1 Kanne

2 TL schwarzer Tee
3 Zweige Pfefferminze

◆ In einem Samowar Wasser erhitzen. Tee und Minze in eine Teekanne geben, ½ Tasse kochendes Wasser aus dem Samowar darüber schütten und sofort abgießen, um den Staub von den Zutaten zu entfernen.
Die Kanne mit heißem Wasser füllen und auf dem Samowar mindestens 10 Minuten ziehen lassen.
Mit Gebäck, Zucker, Nabat – einem selbst gemachten aromatisierten Zucker – und Trockenobst servieren.

Kaffee
Ghahweh

für 1 Tasse

1 TL fein gemahlener Kaffee, schwarz gebrannt
nach Geschmack:
1 TL Zucker

Zu den überlieferten Gebräuchen gehört das Lesen im Kaffeesatz. Mit der linken, dem Herzen näheren Hand bedeckt man seine leer getrunkene Tasse mit der Untertasse und dreht sie um. Nach 10 Minuten wird die Tasse abgehoben – und eine Hellseherin vermag das Schicksal aus den Fantasiebildern abzulesen.

◆ Zubereitet wird der Kaffee im Iran meist auf türkische Art und Weise: In einem speziellen Metallkännchen mit Stiel den Kaffee mit Zucker und 1 kleinen Tasse Wasser verrühren und bei schwacher Hitze zum Kochen bringen. Direkt vom Herd nehmen und servieren.

Bezugsquellen

Fast alle Zutaten der aufgeführten Rezepte sind in deutschen Großstädten problemlos erhältlich. Sofern kein iranisches Lebensmittelgeschäft in Ihrer Nähe ist, können Sie sich an den nächsten türkischen Händler wenden. Die meisten der frischen Gemüse und Kräuter sind auch auf dem Wochenmarkt oder in Asien-Läden zu finden.

Einige der Kräuter und Gewürze sind, da sie als Heilmittel anerkannt sind, auch in der Apotheke zu kaufen: zum Beispiel die Samen des in Europa als Käsegewürz bekannten Bockshornklees, der in Kräutermischungen für *Khorescht*-Gerichte verwendet wird.

Rezeptregister

Stichwortregister

Die *kursiven* Seitenangaben verweisen auf Texte, die den Begriff erläutern, die übrigen auf Rezepte, in denen diese Zutat eine wichtige Rolle spielt.

In der Reihe »Gerichte und ihre Geschichte« erschienen in gleicher Ausstattung:

Hamidullah Kabuli Kohgadai
◆ Afghanisch kochen

Magdi und Christine Gohary · Brahim Lagunaoui
◆ Arabisch kochen

Stefan Ullmann
◆ Australisch kochen

Moema Parente Augel
◆ Brasilianisch kochen

Brigitte und Elmar Engel
◆ Indianisch kochen

Madhur Jaffrey
◆ Indisch kochen

Jürgen Schneider
◆ Irisch kochen

Elisabeth Veit
◆ Kanarisch kochen

Birgit Kahle
◆ Kubanisch kochen

Engelbrecht · Keyser
◆ Mexikanisch kochen

Ketselah Wubneh-Mogessie
◆ Ostafrikanisch kochen

Magrit Liepe
◆ Polnisch kochen

Márcia Zoladz
◆ Portugiesisch kochen

Stauffer · Fontana
◆ Südafrikanisch kochen

Yalkut · Breddermann
◆ Türkisch kochen

Cobbinah · Ehling
◆ Westafrikanisch kochen

…außerdem:
Jacob Blume
◆ Mit Lust die Welt verschlingen
Die sinnliche Küche Afrikas

Die Reihe wird fortgesetzt.
Bitte fordern Sie unseren aktuellen Katalog an:

Verlag Die Werkstatt
Lotzestraße 24a
D-37083 Göttingen
www.werkstatt-verlag.de

Eckhard Supp
Die 100 besten Tips für den richtigen Umgang mit Wein
48 S., ISBN 3-89533-399-9
€ 7,40
Sie kennen die Situation? Ist die teure Flasche wirklich ihr Geld wert? Passt sie zum Anlass oder zum Essen? Braucht man wirklich besondere Gläser für jeden Wein? – Um Wein zu genießen und mit ihm umzugehen, bedarf es keiner komplizierten Lehrbücher. Es reicht, einige Tipps zu beherzigen.

Hauten / Supp / Zwahlen
ABC der Weine Deutschlands, Österreichs und der Schweiz
156 S., ISBN 3-89533-382-4
€ 11,90
In diesem Lexikon werden 970 Fachbegriffe erklärt. Dazu gehören Rebsortennamen, Herkunftsbezeichnungen, Anbaugebiete, um Technisches und Gesetzliches usw. Ergänzt um die Namen der 1000 besten Erzeuger in den drei Ländern – bestens recherchiert.

Eckhard Supp
ABC der Weine Italiens
192 S., ISBN 3-89533-400-6
€ 11,90
Einsteigern wie Weinkennern bietet dieses Buch Antworten auf alle Fragen zum italienischen Wein. Der Autor lebte lange Zeit in Italien und lernte als Mitarbeiter renommierter ital. Publikationen die Weinlandschaft aus erster Hand kennen. Über 1000 Herkunftsbezeichnungen, für Rebsorten und italienische Fachbegriffe.

Eckhard Supp
Rhônetal
96 S., ISBN 3-89533-404-9
€ 9,90
Die Rhône ist einer der großen Wein-Ströme Europas: Es gibt kaum einen Kilometer, an dem der Fluss nicht von Weinbergen gesäumt wird. Das Buch porträtiert weniger bekannte Anbaugebiete ebenso wie die Berühmtheiten – etwa Chateauneuf-du-Pape. Zugleich stellt es die besten Winzer, Restaurants und Hotels vor.
Die Rhône zum Entdecken – und Genießen.

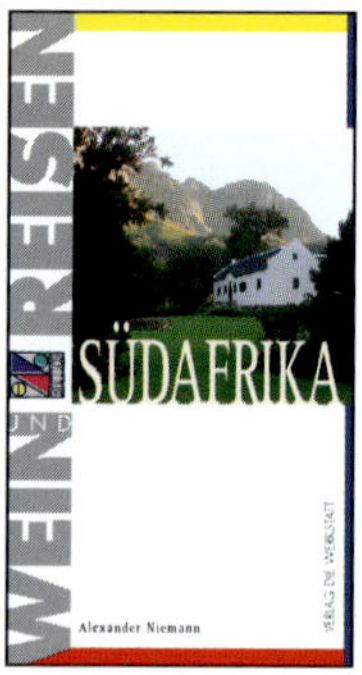

Alexander Niemann
Südafrika
96 S., ISBN 3-89533-384-0
€ 9,90
Südafrika ist eines der ältesten Weinbauländer außerhalb Europas. Berichte über die Anbauregionen am Kap, deren Weinberge in vieler Hinsicht einladend sind: Hier wird nicht nur hervorragender Wein gekeltert, die Region gilt auch als eines der schönsten Wein-Reiseziele der Welt – wunderschöne Hotels und beste Gastronomie.

Eckhard Supp
Wien
96 S., ISBN 3-89533-401-4
€ 9,90
Wien ist eine Weinreise wert. Wie keine zweite ist die Stadt der Habsburger mit dem Wein und seiner Geschichte verbunden. Dieser Reiseführer nennt und beschreibt die besten Weingüter und Heurigenlokale und führt auch in das Wiener Umland, wo Weine erzeugt werden, die zu den besten Österreichs gehören.